あなたは常に守られている

【新装版】背後霊入門

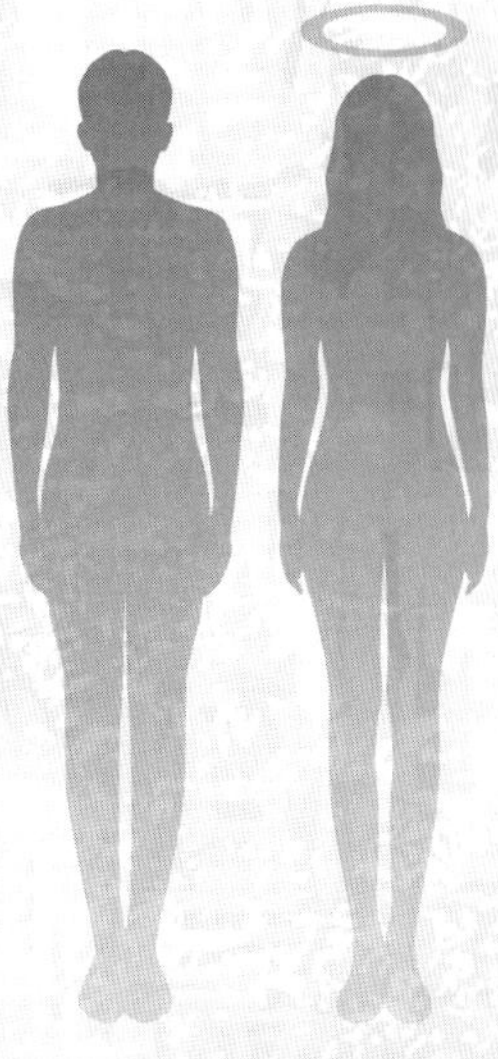

TTJ・たちばな出版

Toshu Fukami
深見東州　著

はじめに

読者の皆さんに対して、「あなたは背後霊《はいごれい》や守護霊《しゅごれい》に興味がありますか」と質問を発してもほとんど意味がないでしょう。興味があるからこそ『背後霊入門』というタイトルの本書を手にされた人が大部分のはずですから、こういう質問は愚問と言うべきでしょう。

では、次のような質問に対して、皆さんはどのようにお答えになるでしょうか。

「背後霊や守護霊はどういう存在ですか」

「神霊《しんれい》世界はどのような構造になっていますか」

「あなたの背後霊や守護霊はあなたに何を望んでいますか」

「背後霊や守護霊の力をフルに活用する方法を知っていますか」

果たして、何とお答えになるでしょうか。想像するに、「よくわからない」という人、あるいは「漠然とわかっているつもりだけれど、明確に答えろと言われると困ってしまう」という人が大部分ではないかと思います。

昨今、霊界《れいかい》や背後霊、守護霊を扱う書籍やテレビ番組が増えつつあり、背後霊や守護霊といった言葉もごくごく一般化してきたような印象を受けます。背後霊や守護霊という言葉を耳にした途端に烈火のごとく怒りだしたり、これらの存在を言下に否定する人もいないわけではありません。唯物論《ゆいぶつろん》をかたくなに信奉している人にそういうタイプが多いようですが、それ以外の人々、とりわけ目に見えざる世界に対して多少なりとも興味や関心を抱いている人々は、素直に霊界や背後霊、守護霊の存在を受け入れているように見受けられます。

だからといって、そういう人々が霊界や背後霊、守護霊というものを正しく理解しているかどうかとなると、話は別です。私の見るところ、霊界や背後霊を扱う書籍や情報番組は数多《あまた》あっても、単なる興味本位のものや誤った情報を伝えているものがほとんどで、正確なところを伝えているものは皆無に近いような気がしてなりません。

それでもいいではないか。興味を満たしてくれるなら、多少誤っていても大した問題じゃないという向きもあるでしょう。しかし、霊界や背後霊といった存在は、私たちが考えている以上に現実界に大きな影響を与えており、誤った知識に基づいて安易に接近すると思わぬ不幸を招きかねないのです。

そこで、せっかく霊界や背後霊に興味を抱いているなら、できるだけ正確な知識を身につけ、日常生活のなかで活用していただきたいという想いから、本書を執筆するにいたった次第です。

守護霊・背後霊に関する事柄は膨大であり、すべてを詳細にまとめると一冊の辞書になるくらいですが、まずは入門書としてこの本を皆さんにお届けしたいと思います。

本書をお読みになった皆さんが、守護霊に関する正しい知識と上手な付き合い方を身につけて、必ず幸せになり、有意義な人生を歩んでいかれることを願ってやみません。

深見東州

本書は、平成十四年十一月に、弊社より発行された『背後霊入門』を、装いを変えて「新装版」として発行するものです。

新装版「背後霊入門」——目次

第二章

祈り——四次元・霊界との交信方法

背後霊　初級編

第三章

背後霊　中級編

願望実現のメカニズム

第四章

背後霊　上級編

守護霊交替と開運の絶対法則

第五章

悪因縁を乗り越える

背後霊　最上級編

第六章

背後霊　特別編

守護霊画

第一章

神霊界からのバックアップ・システム

背後霊　入門編

☆背後霊とは何か

私たち一人ひとりの背後にはさまざまな霊がついていて、私たちの運命にかなり大きな影響を及ぼしている――こういう話を仕向けると、大方の人が浮遊霊《ふゆうれい》や地縛霊《じばくれい》などのマイナスの霊的存在を思い浮かべるようです。昨今のテレビ番組など、ほとんどがこの手の存在をテーマに扱っていますので、それも無理からぬことと思いますが、霊というのはマイナスの影響を及ぼすものばかりではなく、あなたを見守り、幸せに導いてくれるありがたい霊も存在することは、本書の読者なら誰でも知っているはずです。それが背後霊であり守護霊であるわけですが、守護霊はまだしも、世間一般で背後霊という場合には、善霊《ぜんれい》も悪霊《あくりょう》もいっしょくたに扱っているケースが少なくありません。それに対して本書では、背後霊を基本的にプラスの存在と位置づけます。これをまず頭に入れながら読み進めていただきたいと思います。

さて、私たちには誰でも背後に善なる霊がついており、一日二十四時間、片時も休むことなく霊的なバックアップをしてくれています。しかも、ついている善霊は一体だけではありません。標準的な人で十体～十五体、多い人では四十～五十体、あるいはそれ以上の背後霊に守護されている人もいます。

背後から守ってくれているのは、父方もしくは母方の霊格《れいかく》の高い先祖霊たちであるのがふつうです。ここでいう霊格の高い先祖霊とは、この世に生きている間に学問、芸術、信仰などを通じてそれなりの境地を開いたり、あるいは布施業《ふせぎょう》など善なる行ないを通じて徳を積んだご先祖の霊をいいます。彼らはもちろん、一定のレベル以上の霊界に住んでおり、少なくとも低級霊界に住む先祖霊が背後霊になることはありません。

ちなみに、背後霊がチームを結成し、集団で守護にあたっている状態を背後霊団と言います。昔からよく言われる〝先祖のご加護〟とは、こうした背後霊の働きのことを指すわけですが、これらの背後霊たちを統率する役割を担っているのが実は、守護霊なのです。背後霊のチームリーダー的存在が守護霊である、と言えばわかりやすいかもしれません。

守護霊は責任者として絶えずその人を見守っています。しかし、常に直接的に守護しているわけではなく、前面に立ってお働きになるのは、その状況に最もふさわしい背後霊です。課長という役職の守護霊は一人ですが、問題によっては係長が前に出たほうがいい場合もあります。また、スペシャリティーを身につけた平社員が出たほうがいい場合もあるでしょう。このあたりを勘案するのが守護霊で、彼の判断と指示のもと、さまざまな状況に応じていろいろな背後霊が活躍されるわけです。もちろん、本人が直面している問題が大きければ守護霊自ら前面に打って出たり、守護霊を中心に背後霊団が一丸となって守護に当たったりすることもあります。

一つの課に課長は一人であるように、一人の人間についている守護霊は一体というのが原則です。ただし、守護霊にもときに応じて人事異動があり、一般的に言って守護霊は一生の間に四～五回交替します。その人間の前世《ぜんせ》の徳分と想念、志の大小、さらに、いま現在の魂の成長度合いや将来の目標などから判断して、これまでの守護霊ではちょっとふさわしくない、別の個性と霊格と霊力《れいりょく》を備えている霊のほうが守護霊にふさわしいのではないか、ということになると守護霊が交替するわけです。もちろん、守護霊が交替しても、守護霊を中心に多くの背後霊が本人を守護するという構図に変わりはありません。

したがって、言葉の定義としては、守護霊より背後霊のほうが広義のカテゴリーということになりますが、背後霊も含めて守護霊あるいは守護霊団という呼び方をする場合もあります。以下、本書では窓口として働かれている守護霊に焦点を当てて述べていこうと思いますが、その後ろには多くの背後霊たちが存在することを忘れないでいただきたいと思います。

☆一人で生きていると思うな!

私たち人間は一人で生きているわけではありません。家族や親戚、友人、知人、あるいはご近所や取引先など、たくさんの人々に支えられて生きています。と同時に、神霊界《しんれいかい》からのバックアップに支えられて生きているのが私たち人間の偽らざる姿なのです。そのことをまず、私たちは強く認識する必要があります。

守護霊・背後霊は、本人の思想信条を問わず、誰にでも必ずついています。そして、状況に応じて、いろいろな形であなたの人生を支えてくれているのです。一日二十四時間、一年三百六十五日、一日の休みもなく、社会保険も年金もなく、さらには給料もボーナスも有給休暇もなく、間断なく私たちを守護し続けています。

こんなにありがたい存在なのですが、この守護霊・背後霊の存在に気づいているのは残念ながらごくごく少数であるのが現実です。なぜ、気づかないかというと、守護霊・背後霊が文字どおり「霊」なる存在であるからにほかなりません。

霊というのは、かぎられた特別の人にしか見えず、一般の人には見えないようになっています。その特別な人がいわゆる霊能者と呼ばれる人々なのですが、別に霊が見えるからと言って偉いわけではありません。一口に霊能者と言ってもさまざまなランクがあるのです。

たとえば、霊能者によっては「あなたのお母さんが守護霊になって、あなたを見守ってくれていますよ」などと言う人もいるようですが、まだ亡くなって何年もたっていないお母さんが守護霊になっているということはまずあり得ません。霊界の規則で、肉体を失った霊が人間の体につくことは厳しく禁じられており、たとえ先祖の霊でも、勝手に子孫につくことは許されないのです。つまり、守護霊というのは自分の意志で子孫を守護しているのではなく、神様から特別な使命を受けてその任務を遂行するためについているのです。したがって、「あなたのお母さんが守護霊になっている」などという霊能者がいたとしたら、その霊能者は霊界の基本的な法則を知らない人であると言わざるを得ません。

あるいはまた、「あなたには守護霊はついていない」とか「まぶしく光り輝いていて見えない」という霊能者もいるようですが、守護霊・背後霊たちのほうがその霊能者より霊格《れいかく》（霊的なランク）が高いから、そう言うのです。霊界では上から下は見渡せますが、下から上を覗《のぞ》き見ることはできません。ですから、邪霊《じゃれい》・悪霊《あくりょう》の類《たぐい》なら見えるものの、守護霊が見えない霊能者が少なくないのです。でも安心していただきたい。どなたにも守護霊はついているのです。

☆守護霊は正神界《せいしんかい》へつながる窓口

前述したように、神霊界のシステムの中で神様の使命を受けて、私たちを幸せに導くべくバックアップの任務についているのが守護霊なのです。もちろん、そうした役目に任命されるためのハードルは高く、先祖なら誰でもなれるというわけではありません。

守護霊になるためには、世のため人のために尽くして第三天国以上の霊界に行った霊であることが条件になります（霊界の階層について詳しくは拙著『神界《しんかい》からの神通力《じんつうりき》』―TTJ・たちばな出版刊―を参照してください）。しかも、高度な見地から守護・善導するには、自分が守護すべき人物の前世（過去）、今世、来世まですべて見通せる能力を備えていなければなりません。そのためには、霊界で特別な研修を受けることが義務づけられており、その修行にだいたい二百年～三百年かかります。

わかりやすく言えば、守護霊というのは神様公認のライセンスを与えられた霊であって、そのライセンスがあってはじめて、霊界の存在でありながら現実界に降りて、人間につくことが許されるわけです。一般には七代～十一代以上前の先祖で生前、僧侶、学者、武士などだった人が守護霊になることが多いようです。

ただし、「つく」と言っても、背中にペタッと貼り付いているわけではありません。ふだんは霊界から見守っていて、必要に応じてパッと降りてきて危機一髪のところを救ったり、道を正しく導くというのが守護霊のあり方です。霊界というのは時空を超越した世界ですから、その間〇・〇〇〇何秒という速度です。一般の霊はお盆や回忌《かいき》供養《くよう》など特別に許された期間しか現実界に降りてくることはできませんが、ライセンスがあれば、霊界と現実界の間を自由に往き来できるのです。

さて、その守護霊の役目とは、一言で言えば、私たちの〝魂の教育係〟ということになります。ただ見守るだけでなく、必要に応じて手を貸し、わからないことは丁寧に教えてくれます。マン・ツー・マンの個人教授と考えていいでしょう。具体的にどのように守護してくださるかは後ほど詳しく説明したいと思います。

ここで覚えておいていただきたいのは、守護霊が正神界《せいしんかい》の神霊システムの中で派遣され、役割を持って私たち一人ひとりについている存在だということで、逆に私たちの側から見れば、守護霊とは、正神界につながる最も身近な窓口だということです。

それはとりもなおさず、守護霊という存在を正しく理解し、上手に守護を受けるには、神霊界のシステムについてしっかりとした認識を持つことが大切である、ということを意味します。

☆産土《うぶすな》神社の働き

日頃から「自分が守られている」ことを意識している方は、きわめて少ないのではないでしょうか。しかし、私たちがこの宇宙をお創りになった⊙神《すしん》をはじめ、さまざまな働きのご神霊に状況に応じて守られているのは、疑いようのない事実です。たとえば、襟を正して神社で祈願をすれば、その願いが真心から出たものであり、正神界のご神霊の御心《みこころ》に叶うものであれば、証《あかし》が得られることも多いはずですし、実際、そうした体験を持っている人は少なくありません。

少しばかり横道にそれますが、神社参拝のコツについてここで簡単に述べておきましょう。

読者のなかには、月の初めとか十五日とか日を定めて定期的に神社参拝をされている方も多いはずです。が、神社ならどこでも同じという考えで参拝しているとしたら、正直のところ、あまり感心できません。

というのも、神社の主宰神《しゅさいじん》にはそれぞれ得意分野があるからで、祈願の目的によって参拝する神社を変える必要があるのです。たとえば、月末の資金繰りに困ったときには、奈良県の大神神社《おおみわじんじゃ》（三輪《みわ》大社）に参拝するといいですし、新しくことを起こすときには長野県の諏訪《すわ》大社がお勧めです。ここには、無から有を起こす建御名方神《たけみなかたのかみ》がおられます。また、会社などで重要なポストに就きたい場合には茨城県の鹿島《かしま》神宮に参拝されるのがよいでしょう。

このように自分の願いによって、それにふさわしい神社を選ぶのが神社参拝のコツなのです。このあたりのポイントについては拙著『神社で奇跡の開運』『全国の開運神社案内』（ともに、ＴＴＪ・たちばな出版刊）を参考にしていただきたいと思いますが、それとは別に、誰もが日常的に親しんでいただきたい神社があります。産土《うぶすな》神社がそれです。

とは言っても、そういう名前の神社があるわけではありません。生後まもない頃、はじめて両親にお宮参りに連れていかれた鎮守《ちんじゅ》様が、あなたの「生来の」産土神社なのです。産土神社の神様は、生まれてからあの世に旅立つまで、一生を通じてあなたを守り続けてくれる、これまた非常にありがたい神様なのです。

しかし最近は、生まれ育った土地を離れて暮らしている人も多く、参拝するのに、いちいち郷里まで帰るのは大変です。そういう場合は、現在住んでいる場所の近くの神社に行けばいいでしょう。そこも産土神社なのです。ただし、近くにあればどの神社でもいいかというと、そうではなく、ご神霊が神霊界に帰られて、邪気《じゃき》、邪霊《じゃれい》が占領している神社もあるから要注意です。そういう神社を避けるには、境内に入るとすがすがしい気持ちになるかどうか、これが一つのポイントになります。そのほか、いくつか注意点がありますが、拙著『強運』（TTJ・たちばな出版刊）等を参考にして、実際にご神霊がいらっしゃる神社を選ぶことが大切です。

さて、生まれた土地の鎮守様も産土神社、現在住んでいるところの最寄りの神社も産土神社ということですが、どういうことかというと、産土神社というのは実は、全国規模のテリトリー制になっているのです。それはちょうど松下電器の販売網のようなものと考えればわかりやすいと思います。たとえば、山形の実家の近くの電機屋さんで買った冷蔵庫の調子が悪くなっても、いま住んでいる近所のナショナルのお店に持っていけばアフターサービスを受けられますが、それと同じことなのです。

ですから、生まれた土地の産土様にお願いしても、最寄りの産土様にお願いしても大きな違いはないのですが、平素の願いごとは何でも近所の産土神社に頼み、困ってどうしようもないときは生来の産土神社にご祈願されるとよいでしょう。たいていの問題は、これだけで十分解決できるはずです。とくに、人生の重要な節目に当たる「出産、入学、就職、結婚、死亡」の五つに関しては、産土神が大きくお働きになります。この世に新たに生まれ出るとき、その魂を霊界から運んでくるコウノトリの役目を果たしてくれるのが生来の産土神社であるからです。

さて、この生来の産土神、鎮守様の仲介によって決まるのが守護神《しゅごしん》であります。守護神と守護霊はどう違うのかと言えば、守護神は文字どおり「神様」で、守護霊は「霊」という違いがあります。神様と霊では、もちろんランクが違います。背後霊の人事権を握り、その時期にふさわしい守護霊を任命するのが守護神です。つまり、守護霊直属の上司が守護神という関係になっているわけです。守護神は誰にでも一柱《ひとはしら》ずつついていて、こちらは途中で交替することなく、死ぬまで同じ神様が守護してくださいます。

☆守護神と守護霊

ところで、守護神は産土神の仲立ちで決まるわけですが、どういう神様が守護神になられるのでしょうか。これには次の三つのパターンがあります。

①　本人が前世で崇敬《すうけい》していた神様がつくケース

②　ご先祖様が代々崇敬していた神社であることで決まるケース

③　本人の魂の系統で決まるケース

私たちの魂はこの世かぎりのものではなく、生まれ変わり死に変わり（輪廻転生《りんねてんせい》）を繰り返しています。ただし、まっさらな状態で生まれ変わるわけではなく、その魂はいろいろな意味で因縁《いんねん》を背負っています。だからこそ、生まれながらにして運不運があるわけです。

因縁というと、とかく悪い意味ばかりが強調されがちですが、そんなことはありません。善因善果、悪因悪果という因果律《いんがりつ》（因果応報《いんがおうほう》の法則）は、この宇宙をお創りになった⊙神《すしん》が定められた絶対法則なのであって、神様との縁（御神縁《ごしんえん》）も含め、すべては因縁によって生じているのです。その視点に立って前ページの三つのケースを考えると、①は前世の因縁、②では家代々の因縁が大きく働いていると言えるでしょう。詳しくは後ほど述べますが、この「前世の因縁」と「家代々の因縁」というのは、いい意味でも悪い意味でも、神霊的な問題を扱う上で非常に大切なキーワードとなります。

①の場合、前世の記憶というのはふつう表面的には残っていないので、なかなか特定するのが難しいのですが、ただ、「なんとなくこの神様が好きだ」「○○神社に行くと懐かしく感じられる」というような場合、自分が前世でその神様を崇敬していたことが考えられます。

②の「ご先祖様が代々崇敬していた神社」というのは、氏神様《うじがみ》であることが多いようです。氏神様というのは、その家を代々守護している神様です。また、古くから同じ土地に住んでいる方の場合は産土神社と一致している場合もあります。つまり、産土神が自ら守護神というケースもあるわけです。

さて、③のケースですが、人間は誰でも神様の分魂《ぶんこん》を持っているということを知っていただきたいのです。神道《しんとう》では「人は祖《そ》に基づき、祖は神に基づく」と言って、日本の神様は私たちの大々先祖ということになっています。別の言い方をすれば、私たちは昔、神様の子どもだった、というのが神道の基本的な考え方なのです。その大本《おおもと》は一つですが、それぞれ系統の異なる神様につながる魂の系統があります。その縁によって守護神が決定する場合もある、ということです。

ところで、仏教では生まれ年によって「守護神」が決まると説かれています。たとえば、卯年《うどし》生まれは文殊菩薩《もんじゅぼさつ》、辰年《たつどし》と巳年《みどし》生まれは普賢菩薩《ふげんぼさつ》、としていますが、厳密に言えば菩薩様や如来《にょらい》様は守護霊の範疇《はんちゅう》に入ります。霊界のかなり上のほうにランクする仏様ではあるものの、あくまで仏様であって神様ではないからです。

認識のレベルを高め、徹底した慈悲《じひ》の心や現世を達観《たっかん》して精進《しょうじん》する、深き悟りの念を持つに至った霊を菩薩位《ぼさつい》に達した霊と言います。菩薩とは仏道《ぶつどう》に励む釈迦《しゃか》の姿と同じあり様を指して言うものであり、さらに修行を深め、菩薩位の霊が一層揺るぎない想念の持ち主となり、おのずから不動の霊格と悟りの位を持つに至れば、それを如来位《にょらいい》に達した霊と言います。

前世の徳分を備え「人類を救済するぞ！」という大きな志を持つ人には、こうした仏様が守護霊としてバックアップしてくれる場合もあります。

☆神界〜霊界〜現実界の構造

このように、私たちはありがたいことに神霊的に何重にもガードされているのですが、なぜこのような仕組みになっているのでしょうか――。神界〜霊界〜現実界がどのような構造になっているのかをきちんと理解しておくことは、守護霊の働きを知るうえでも非常に大切なことですので、ここで少し、神霊界の構造についてふれておくことにしましょう。

一口に神霊界と言いますが、これは目に見えない世界を総称した言い方で、実際には神界と霊界はずいぶん異なります。

まず神界ですが、これは読んで字のごとく神坐《ま》す世界。次元界で言えば五次元以上の世界です。産土神など一般の神社の神様がいらっしゃるのは五次元神界ですが、実際にはその上に六次元、七次元…と続く次元の異なる神界が広がっています。と言ったところでなかなかイメージできないかもしれませんが、霊界とは一線を画した別世界であると理解しておけば結構です。それから、人間と神界との関係について言えば、感性や直感が人間と神界とを結ぶパイプであるということ、これもきちんと理解しておく必要があります。

次に霊界ですが、これは言うまでもなく四次元世界です。霊界には天国も地獄も、その中間にある中有霊界《ちゅうゆうれいかい》も含まれますが、これらはすべて四次元の世界ということになります。守護霊も悪霊もランクの差こそあれ、次元界というレベルで言えば同じところに住んでいるわけです。もとより、私たちも死ねば誰でも霊界に行くわけですが、むしろ、霊界というのは、想いの世界だと理解したほうがいいでしょう。感性の神界に対して想念の世界。それが霊界であって、生きているときの想いそのままの世界に死後、行くことになります。暗い想いを抱いたまま死ねば暗い霊界へ、明るく楽しい想いを抱いたまま死ねば明るく楽しい霊界へ行くことになるわけです。

さて、三番目は現実界ですが、これは言うまでもなく、私たちの肉体が存在する三次元の世界です。ただし、私たちは三次元のみに生きる存在ではありません。拙著『強運』にも書きましたが、人間の体は一番〝外側〟に肉体があり、その〝内側〟に霊が存在し、〝中心〟に魂があります。つまり、人間の体は三重構造になっているのです。この場合の

〝外側〟〝内側〟というのは立体的に見た意味ではなく、より次元が高まっていく度合いを表現したもので、肉体は三次元的な存在ですが、霊（心）は四次元的存在。魂はさらに上級のランク（五次元以上）に存在している、ということを意味します。

ここで大切なのは、それぞれの次元に応じたバックアップがなされているということであって、たとえば神社で真心込めて祈れば五次元神界と交流することができます。また、星に祈れば六次元神界に想いを届けることも可能です。さらには、もっと上の神界に通じることもできますが、そうした多重構造の中で、比較的現実界に近い四次元レベルでの守護を担当しているのがほかならぬ守護霊なのです。

☆霊界がつなぐ役割

神界〜霊界〜現実界の構造について拙著『神社で奇跡の開運』では、メーカー〜問屋〜小売店という流通機構にたとえて、神界、霊界、現実界はそれぞれメーカー、問屋、小売店に相当すると説明しました。どういうことか、読まれていない方のために簡単にご説明しましょう。

小売店で売られている商品はすべて問屋から仕入れます。問屋にある商品はすべてメーカーから降りてきています。つまり、上から下に流れてきているわけですが、それと同様に、神界で起きたことは霊界に反映し、そして現実界に波及します。私たちが生きている世の中を現世《うつしよ》と言ったりするのも、実はそこに理由があります。

前述したように神界というのは感性や直感の世界であり、創造、発想、クリエイティブの世界でもあります。その神界に相当するメーカーでは、さまざまなコンセプトのもとに商品開発が行なわれ、その告知と企業のイメージアップのためにコマーシャルを流す。そして、出来上がった商品を問屋に卸す。これは、感性が心に影響を与える関係と同じです。

次に問屋はメーカーの意向を受けて、仕入れた商品を小売店に卸します。心が絶えず動き回るように、問屋も小売店への納品に駆けずり回ります。しかし、小売店も問屋が提供するものをすべて受け入れるわけではありません。自分の店に合わない商品が納入されても、デッドストック（不良在庫）になるだけだからです。

小売店はまた、問屋に注文をつけたりもします。「お客のニーズはこうだから」「もっと売れるものが欲しい」「もっと値段を安くしろ」といった、実にさまざまな注文を出します。一方、メーカーも問屋に注文を出します。「これこれこういうふうに小売店に言って、なるべく多くの商品を納入するようにしてくれ」「値崩れしないように売り方を指導してくれ」と。それに対して問屋は、メーカーの希望を小売店に伝えはするものの、あまり出しゃばらない。小売店の独立性を重んじますから、聞かれないかぎり〝関係のない〟情報を売り込んだりはしません。そんなことをしても売上げにつながらないからです。しかし、お店の役に立つだろうと思う情報はどんどん提供します。それが小売店にとっての問屋の魅力でもあります。

さて、気づかれた方も多いでしょう。こうした問屋の役割を担っているのが霊界にいる守護霊なのです。小売店で買い物をする際、どのメーカーの商品か、たとえばソニー製かナショナル製かということを気にする人はたくさんいますが、どこの問屋を流通してきた商品かということまで気にする人はまず皆無と言ってもいいでしょう。

そのように、私たちから見れば実体があるかどうかはよくわからないものの、とにかく存在し、現実界に強い影響力を持っているのが霊界なのです。神界のようにクリエイティブではなく、現実界のように直接、人々と触れ合うこともない。しかし、問屋がなければ流通機構が成り立たないように、霊界がなければ神界も現実界も機能しないのです。もちろん、ここを上手に活用することができれば、絶大なる現世利益を得ることができるのは言うまでもありません。

☆霊界問屋の引き立てを受ける方法

問屋の仕事というのは地味ではありますが、非常に大事です。デッドストックにハラハラして神経を尖らせながら、メーカーと小売店の間を多くの人手と品物がバタバタとせわしなく行き交います。では、よい問屋とはどんな問屋なのでしょうか。

まずは、敏速な対応と納品体制。そして、豊富な品揃えと値段の安さ。これがよい問屋であることの最大の条件と言われています。これを守護霊に当てはめると、子孫の悩みに対して敏速に対応し、幸福を納品して、才能と霊力に優れた背後霊を備え、快くご加護してくださる、ということになるでしょう。

ただし、問屋から引き立てを受けるためには、小売店もそれなりの態度で接する必要があります。「お前のところから買ってやっているんだ」みたいな態度はもちろん論外で、常に感謝の気持ちを忘れてはなりません。何しろ、守護霊は幸せを納品しても別にお金を要求するわけではないのですから、支払いに代わるものとして感謝を示すのは当然でしょう。

支払いは速やかに、できれば前払いで――というのがこの世の商取引の鉄則です。それと同様、守護霊に対しても「いつもいつも守ってくださってありがとうございます」と、何もなくても前払いで感謝をする。そして、何かうれしいことがあったら、「これも守護霊様がくださったに違いない。うれしいな。ありがとうございます！」とお礼を言ってみる。すると、幸せ問屋の守護霊としては、「こんなに感謝されているなら、幸せをもっと納品しなくちゃなぁ」という気持ちになるはずです。

また、霊界とは心の世界ですから、自分の心や想念が守護霊の想いに感応するように努力すること、これも守護霊の加護を受けるうえで非常に大切なことです。つまり、守護霊に気高く貴い思いを抱けば抱くほど、守護霊は動きやすくなるのです。たとえば、守護霊に「敏速な対応と納品体制」を期待するならば、自分自身が心の切り替えを速やかにできるようになること。「豊富な品揃え」を望むなら、知識を深め、経験を積み、人の気持ちがわかる思いやりのある人になることです。「値段の安さ」というのは、高慢にならず、謙虚な心で、誰にでも気安く受け入れられることに相当するでしょう。総じて言えば、明るく発展的な気持ちで日々を過ごすこと、これが守護霊と感応する一番の基本です。

そうした気持ちを持ったうえで問屋に注文を出せば、きっとすぐに反応があるでしょう。それも自分が望むのはどんな商品なのか、なるべく具体的にハッキリと伝えることが肝要です。それでもなかなか商品が納品されない場合もありますが、それは守護霊が本質的に商人ではなくて、最初に申し上げたように、〝魂の教育係〟だからです。そのあたりのノウハウについては、次章で詳しくお話することにしましょう。

いずれにしても、問屋さんとはなるべく懇意にして取引きを繰り返し、信用をつけることが第一です。

☆現実界に近いレベルでの働きがカギ

流通機構のたとえ話が長くなりましたが、商売を知らない方には少しわかりにくかったかもしれません。そこで今度は、神界〜霊界〜現実界の関係についてもう少し別の角度から説明することにしましょう。

次元界というのは、上に行けば行くほど繊細な波動の世界になります。神様がいらっしゃる五次元以上の神界というのは非常に繊細な波動の世界です。これに対して、私たちの肉体が存在する現実界、すなわち三次元は、物質的な荒々しい波動の世界であります。

神々は高次元の神界から私たち人間の営みを見守り、必要に応じて手助けしてくださるのですが、神界と現実界ではあまりに次元が異なるので、高級神霊が直接、手を差し伸べることはできません。

もちろん、私たちは神様に直接、祈ることができます。真心を込めた祈りを捧げれば、神力が発動され、その願いが現実界に顕現《けんげん》します。私も常に祈りを捧げていますし、多くの皆さんにもお祈りすることを勧めています。

では、こうした祈りは、どのようにして現実界に顕現するのでしょうか。

一つには神様が霊界レベルに降りてきて、現実界に強い影響を与えているケースがあります。いわゆる権現《ごんげん》様と明王様というのがそれで、神様が四次元レベルに降りてきてお働きになるときのお姿を言います。たとえば、蔵王権現《ざおうごんげん》は天御中主大神《あめのみなかぬしのおおかみ》の化身ですし、三宝荒神《さんぼうこうじん》は天照大御神《あまてらすおおみかみ》の化身です。こうした神様に直接、願いをかけると、現実界でバシッとした働きをしてくださいます。

また、守護霊が私たち人間をマン・ツー・マンでバックアップしてくれているのに対して、それぞれの神様に専属でお仕《つか》えしながら、より物質次元の近くに降りてきて働く存在もあります。それがいわゆるご眷属《けんぞく》です。

眷属にもいろいろ種類がありますが、一般的なところでは、蛇、狐、天狗、龍といったものがおなじみでしょう。こうしたご眷属も、神霊界のバックアップ・システムのなかに位置づけられる存在であり、神様が現実界に証を現すとき、直接的にはこれらのご眷属が神様の手足となって働くことが多いものです。もちろん、そのかぎりではまったく問題はありません。

ただし、気をつけなければならないのは、ご眷属というのはあくまでも神様のお使いであって、高級神霊そのものではない、ということです。ここを勘違いすると思わぬ弊害が出てくる場合があるから要注意です。その一番端的な例が、次に述べる稲荷狐《いなりぎつね》のケースです。

☆眷属には注意が必要

稲荷狐は本来、五穀豊穣《ごこくほうじょう》を司る神様の使者であり、悪いことはしないものです。ところが、その現実界に対する強い働きに気づいた人間が邪《よこしま》な心を持って直接、稲荷狐を崇敬するようになってから、少しずつ神様の御心《みこころ》とズレが生じてきて、いわゆる〝ハグレ狐〟と化してしまい、全国いたるところで目にする稲荷神社のほとんどが、こうしたハグレ狐の住処《すみか》になっていると言っても過言ではありません。

自分の煩悩《ぼんのう》を満足させよう、私利私欲のために神様を利用しようというのが、いわゆる〝お蔭《かげ》信仰〟です。そのお蔭信仰で稲荷を敬えば、はっきりとした形で現世利益がもたらされるのは確かです。商売繁盛、家運隆盛、家内安全、大願成就《たいがんじょうじゅ》……油揚げをお供えして、稲荷をおだてればおだてるほど、いろいろな形でお蔭を与えてくれるのが稲荷です。人間に尊敬されれば狐もプライドが満たされ、気分がいいわけです。

ただ、これはご眷属という働きから見れば、明らかな逸脱《いつだつ》行為と言わざるを得ません。愛念と真心を持って「世のため人のため」という気持ちでなければ動かれないのが本来の正神界のご神霊であるはずなのに、私利私欲だけ、お蔭を求める気持ちだけで祈る人間に利益をもたらすというのは、どう考えても天の法則に合致しているとは言えません。かくして稲荷はハグレ狐と化してしまったわけですが、それでもハグレ狐と人間が持ちつ持たれつで、一種の〝共犯関係〟が成立しているうちはまだいいでしょう。ところが、人間というのは身勝手なもので、ものごとがうまく進みだすと、とかく感謝の心を忘れて自分の力だけで成功したかのように思い込みがちです。もともと狐を崇敬していたわけでもなく、ただ利用しようとしていただけなのですから、なおさらのこと、稲荷から気持ちが離れてしまいます。

商売が繁盛して忙しくなれば、ついつい足が遠くなり、そのうちお供えもしなくなる。これが狐にしてみれば「恩知らず！」と映るのは言うまでもありません。それだけならまだしも、崇敬されなくなりプライドを傷つけられた狐は、必ず仕返しをします。それも霊力《れいりょく》の強い狐を怒らせたら半端なことでは済まされません。このあたりが眷属と言えども動物霊たる所以《ゆえん》でもあるのですが、うまく行っていた商売が急に傾いて無一文にまで追いやられることも珍しくなく、場合によっては子孫末裔《まつえい》七代までたたられると言われています。稲荷狐とは、かくのごとくきわめて執念深い存在なのです。

日本古来の伝統的な信仰を基礎に置く私はこれまで、たくさんの人々に神社参拝を奨励《しょうれい》してきました。しかし、神社ならどこでもいいというわけでは決してありません。とりわけ稲荷神社に参拝することについては、厳重な注意が必要です。

その他、眷属の弊害については拙著『神界からの神通力』や『神霊界』（ともに、ＴＴ

Ｊ・たちばな出版刊）に詳しく述べましたが、稲荷であれ蛇であれ龍であれ、眷属信仰になると大きな問題を引き起こしやすいことをしっかりと頭に入れていただきたいと思います。とくに龍はパワーが強大で、龍がつくと守護霊や守護神がどこかに吹き飛ばされてしまう場合も少なくありません。もちろん、本人が守護神、守護霊を尊び、ときと場合に応じて龍を使いこなせるだけの心の修養ができていれば問題はないでしょう。しかし、龍を使いこなすのは実際問題、なかなかに難しいもの。龍を使っているつもりが、龍のパワーに振り回されてしまっているケースがほとんどと言っても過言ではありません。

☆守護霊活用は安全性第一

眷属についていろいろ注意点を申し上げましたが、神霊界の力を使うということは、一歩間違うと大変危険なことなのです。ひと口に他力《たりき》と言いますが、そこにはいいものも悪いものも含まれており、誤った姿勢で接近すると思わぬ大火傷を負うことになるということを知っておかなければなりません。

その点、守護霊は神様からライセンスをいただいた、私たちの魂の教育係であり、安心して頼ることができます。ハグレ眷属のように思い上がることもなく、あくまで私たち一人ひとりの御魂《みたま》の成長を願い、高い見地から導いてくださっているのが守護霊であって、配下にはいろいろな能力に秀でた背後霊がいますので、日常的な願いであればほぼオールラウンドにお働きくださいます。しかも、上司には守護神がついているので、足りない部分はちゃんとフォローしてくださいます。

そして何より、守護霊は現実界に近い霊的レベルの働きをされるので、即効性がありま す。たとえば、伊勢神宮に参拝して天照大御神にご祈願した場合、功徳《くどく》が現れるのは早くて三か月～六か月、だいたい三年以内というのが一つのパターンになっています。一般に大きな角度で見る神様であればあるほど、その準備に時間をかけられるので、功徳が現れるまで時間がかかるわけです。それに対して守護霊にお願いすれば、その願いが正神界の法則に合致していれば、即座に答えてくださいます。

また、伊勢神宮に月末の資金繰りなど、あまり細々とした祈願をするものではありません。もちろん、正神界のご神霊は皆、私たちを守ってくださる存在ですが、それぞれ役目があり、専門分野が異なります。その点、守護神、守護霊というマン・ツー・マンのバックアップ・システムなら、細々とした願いごとから大きな願いごとまでオールラウンドに聞いてもらうことができます。

人によっては他力に頼らず、自分の力だけでものごとを解決していこうと考えている人もいます。もちろん、自力《じりき》による努力は大切ではあります。しかし、何でも自分一人で解決できると思うのは、あえて言わせていただけば、いささか傲慢《ごうまん》なのではないでしょうか。いや、傲慢云々を言う前に、自力だけでは乗り越えられない壁に突き当たるのがふつうです。頑張《がんば》って体をぶつけてみても、自分一人の力で簡単に破れるものではない。そのときはじめて、人は他力に頼ることを知るのではないでしょうか。

神霊界の仕組を知り、守護霊の存在を知れば、無駄な努力をしなくて済みます。少なくとも、努力が徒労に終わることはありません。努力したことは必ず何らかの形で結実します。ですから、ひとまず頑張ることを前提に、努力の方向を教えてもらうべく、守護霊に心を向けるべきです。そうすれば、目の前の壁は必ず乗り越えられるに違いありません。というのも、神様はその人間のレベルに合わせて、乗り越えられる形でしか試練を与えないからです。

私たち人間のために神様が用意された、守護神・守護霊という神霊的なバックアップ・システム。これをどんどん有効活用して、一人ひとりが幸せになることを神様は望んでいらっしゃるのです。そのためにはまず、いつも私たちの側《そば》にいる一番身近な存在である守護霊・背後霊と親しく付き合うことから始められたらいいのではないでしょうか。

第二章

背後霊　初級編

祈り――
四次元・霊界との交信方法

☆守護霊にもランクがある

第一章の説明で、神霊界からのバックアップ・システムについてはだいたいご理解いただけたことと思います。それでも、ふだん生活している中で「自分が守られている」ということは、あまり実感として湧いてこないかもしれません。何しろ、相手は目に見えない存在なのですから、なかなか信じられなくて当然です。ただし、危機一髪で命が救われたといった体験をすると、少し考えが違ってくるのではないでしょうか。

たとえば、搭乗予定の飛行機に乗り遅れて「ああ、運が悪かった」と思ったら、その飛行機が墜落したというケースなどその典型で、あとでニュースで知って背筋を寒くした体験をお持ちの方が、読者のなかにもいらっしゃるのではないでしょうか。そこまで劇的ではないにしても、交通事故で九死に一生を得たというような話ならいくらでもあるでしょう。

あるいは、道を歩いていたら目の前に工事現場の資材が落ちてきたり、川で溺れかけたのを偶然通りかかった人に助けられたり、寝タバコで危うく火事になるところを間違い電話で起こされた……等々。挙げていけばキリがありませんが、すんでのところで「命拾い」をしたという体験は、大なり小なり誰でもお持ちのはずです。

ましてや、これだけ頻繁《ひんぱん》に事故や災害、また事件が多発している昨今、いつ誰がどんな形で災難に見舞われてもおかしくありません。一日を平穏無事に過ごせたということは、少しばかり大袈裟《おおげさ》に言えば、守護霊・背後霊に守られているということなのです。

しかし、危機一髪で救われるというのは、実は積極的な守護ではありません。私は〝最低ライン突破守護霊〟と呼んでいますが、命を守るということは、およそ守護霊たる最低限の働きにすぎません。人生を積極的に切り拓いていくのを背後からバックアップするのが守護霊本来の役割であるはず。にもかかわらず、危機一髪のところで命を救うだけなんて、守護霊にとっては最低レベルの役割にすぎないのです。

その責任は無論、守護霊にあるわけではありません。守護されている本人が何の目標も持たず、惰性に流された生活を送っていれば、守護霊としても手持ち無沙汰な日々を過ごすしかありません。

これに対して、才能を存分に発揮して社会の第一線でバリバリ活躍している人には、それにふさわしいパワーあふれる守護霊がついて、最大限のバックアップをしてくれています。これを私は〝最高ラインお導き守護霊〟と呼んでいますが、最低ラインと最高ラインの間には何階層ものランクがあります。つまり、守護霊は誰にでもついているものの、その霊力は決して一様ではないのです。

☆存在を意識すれば働きが強まる

では、こうした強い守護霊を持つにはどうしたらいいのでしょうか。

どの時期にどんな守護霊が担当してくださるかは、もとより人間の知る由《よし》もないことです。前章で述べたように、守護霊の人事については守護神の管轄であり、前世の徳分とその人の想念、また志の大小によって、もっともふさわしい守護霊が守護神の命令でつくわけです。その交替のメカニズムについては後ほど第四章で詳しく述べますが、私たちにとって最も大切なことは、当面、守護してくださっている守護霊に精一杯お働きいただくことでしょう。

ところで、ほかではあまり聞いたことがないと思いますが、実は守護霊というのは、必ずしもマン・ツー・マンで守護してくれているとはかぎりません。場合によっては、一体の守護霊が同時に五～七人の神縁《しんえん》ある人を守護している場合もあるのです。こういう場合、当然ながら優先順位がつけられます。守護霊は一時《いっとき》も休むことなく人を守護される方ですから、同じようにいつも休む間もなく働いたり努力している人を優先的に守護されるわけです。ですからまずは、あなたについてくれている守護霊に自分専属の守護霊になっていただくことを考えるべきでしょう。

「僕の守護霊は少々ボンクラかもしれない」「私の守護霊はあまり働き者じゃないんじゃないかしら」と思っている方がいらっしゃるかもしれませんが、それは、本人がボンクラで働き者でないから、守護霊も積極的に守護できないだけの話です。まず、そのことを自覚する必要があります。前述したように霊界とは想いの世界であり、自分の想いはすべて守護霊に筒抜けなのです。

そこで、この霊界の特徴を逆に利用することをお勧めしたいと思います。くどいようですが、霊界とは想いの世界であり、守護霊の存在を意識すればするほど、守護霊の働きが大きくなる。あやふやにしか思っていなければ、その働きもあやふやな形でしか現れない。つまり、守護霊の働きの強さは信じる度合いによって違ってくるわけで、これが霊界法則というものです。ということは、「自分は守られている」「守護霊は自分の味方なんだ」という意識を強く持てば、その分、守護霊も気持ちよく力を発揮できる、ということであり、とりあえずは「自分は守護霊に守られている」と強く意識すること。これが、守護霊を上手に活用するための第一のポイントということになります。

さらに、守護霊パワーをより完全な形で自分の運勢に反映させるためには、守護霊が自分に対して何を期待しているのか、また、どうすれば守護霊と交流できるのかを知ることです。そうすれば、守護霊は存分に持てる力を発揮して、あなたを専属でバックアップしてくれるようになるでしょう。もちろん、背後霊も総動員され、強い運勢を呼び込むことができるに違いありません。

☆直接守護と間接守護

第一章で述べたように、守護霊は私たちの魂の教育係として、高い見地から私たちの人生をよりよい方向に導いていてくださっているわけですが、その守護の仕方には、大きく分けて直接守護と間接守護があります。

守護霊は二十四時間私たちを見守っていますが、直接、手を差し伸べることはあまりしません。これを間接守護と言います。前述のような命に関わる緊急の場合は別として、基本的にはあまりあれこれ口出しせず、本人の自由意志に任せています。手取り足取り何でも教えてしまっては、本人の魂の成長になりませんから、必要に応じて最低限の手助けをするだけです。本人が邪《よこしま》な気持ちを抱いていて、そのまま行けば失敗することがわかっていても、あえて救おうとせずに傍観《ぼうかん》していることもあります。

そこで、人間の側としてはついつい「自分には守護霊なんていないんじゃないか」と思ってしまいがちなのですが、そんなことは決してありません。ハラハラしながら、本人が気づくのをひたすら待っているのです。この苦しい状態がすなわち試練の時であって、本人がどのように努力するか、守護霊は教育係としてじっと見守っていらっしゃるのです。

本人がその試練に立ち向かうべく、ものごとに前向きに取り組み出すと、

「よし、ガンバレ！　応援するぞ」

と積極的な守護に乗り出してくれます。これが直接守護というもので、守護霊が直接守護を始めると、いろいろなことがツボにはまったようにスムーズに動き出します。たとえば、偶然としか思えないような出来事が身の周りに次々と起き始めて、実現不可能と思われていた難事が奇跡的に成就《じょうじゅ》することがありますが、そういう場合は、守護霊がバック

アップしてくれたと考えて間違いありません。

つまり、直接守護を受けるためには、本人の自力による努力がまず必要なわけですが、これは守護霊のみならず、正神界のご神霊を動かす場合に共通する大原則です。何の努力もせずに結果だけ与えてくれるのは動物霊などの低級霊であることが多いですから、その点には十分注意していただきたいと思います。

☆〝とりあえず〟の目標を定めろ!

「守護霊さんの存在は信じているんだけど、生活の中でどう活用していいかわかりません」という声をよく耳にします。そういう人でも、これまでの説明で漠然とながらも守護霊活用のコツがおわかりになったのではないかと思います。そうです、守護霊に積極的に働いていただくためには、漫然と過ごしながら試練を待つのではなく、自分なりの目標を設定することが必要なのです。目標がなければ、それを成就するために積極的な努力をする気にはなりませんし、本人が努力しなければ、守護霊としても手の貸しようがないのです。

目標は、もちろん大きければ大きいほどいいのですが、「世界人類を救済するぞ！」というくらい気宇壮大《きうそうだい》な目標を掲げれば、守護霊は背後霊団を総動員して最大級のバックアップを約束してくれるでしょう。いずれにしても、守護霊に大きくお働きいただくには高い志を持つこと。これを忘れてはなりません。

この際、目標は抽象的なものではなく、なるべく具体的であることが大切です。「人類を救済する」といっても、具体的に何をしていいのかわからなければ、単なる大ボラ吹きとして笑い者にされるだけです。そうではなく、たとえば「医者になってシュバイツァーのように多くの人を救うのだ！」という志を持てば、とりあえずは「医大に入る」という目標が設定できるはずです。さらには、「そのためにいま、何をすべきなのか」という努力の方向も自ずと明らかになるでしょう。そのように長期から中期、中期から短期へとその目標を絞り込んでいくのが、目標設定のコツであるのは言うまでもありません。

とはいえ、若い人のなかにはいまだ人生の目標が定まらず、漠然とした不安や焦りを感じながら日々を過ごしている人もいることでしょう。人生の目標はなるべく早いうちに掲げられればそれに越したことはありませんが、まだまだ若い身空、そんなに焦る必要はありません。人生の大きな目標やビジョンがはっきりしていないなら、それはしばらく置《お》いておいて、〝とりあえず〟の目標を探してみることです。

では、どうやって〝とりあえず〟の目標を決めればいいのか。それは、〝何となく〟自分の興味の持てることから選べばいいでしょう。この〝とりあえず〟、〝何となく〟が、あなたの人生にとって大きな意味を持ってくるのです。その理由は後ほど説明するとして、いまはどんな小さな目標でもかまわないので、〝とりあえず〟の目標を決めて、その目標実現のために守護霊に働いていただくことを考えるべきです。

☆「こと分けて」申す意味

目標を定めたら、次に部屋の掃除をしましょう。「えっ、部屋の掃除？　そんなの守護霊と関係ないじゃないの」と思うかもしれません。しかし、守護霊に強く守られ、運をよくしたいと思うなら、部屋の掃除を決しておろそかにしてはなりません。と言うのも、乱雑に散らかった部屋というのは、高級神霊にとって居心地の悪いもので、母親と同じように顔をしかめながら、「もう少しきれいにしたら……」と思っているからです。お母さんの声は守護霊の声でもあるのです。そう思ってまずは、窓を開けてすがすがしい空気を入れ、部屋の掃除を始めましょう。きれいな部屋は守護霊にとって憩いの場所。当然、運気も上昇します。この際、労を惜しまず、台所や風呂場も含めて家中をきれいに掃除したいところです。そうすれば、自分だけでなく、家庭運全体が上昇し、家族全員も運がよくなること請け合いです。

さて、掃除が終わったら、いよいよ守護霊とのご対面です。とは言っても、守護霊はいままでずっと守ってくださってきたわけですから、厳密に言えば初対面というわけではありません。ただ、少し距離が遠かっただけなのですが、霊界の法則で、守護霊は近くにいると思えば近くにいるし、遠くにいると思えば遠くから見守っている。ただそれだけのことですから、この際、守護霊を強く意識して、守護霊とグッとお近づきになったらよいでしょう。

とくに、初めて守護霊と向き合うときや特別なことをお願いするときは、威儀《いぎ》を正し礼節を持ってあいさつするべきでしょう。これは人に何かものを頼むときと同じで、礼節を持って頭を下げれば、向こうも誠意を感じて力を貸してくださるというものです。

本来なら、こちらから出向くべきところを、すでにいつも側にいらっしゃるのですから、きれいに掃除をしたら、部屋に花を飾るぐらいの心遣いをし、身だしなみと服装にも気を遣いたいところです。とりわけ、ここ一番という願いごとをする場合は、ビシッと正装で決めたほうがいいでしょう。

神道《しんとう》ではこれは「こと分けて申《もう》さく」と言います。これは「言葉を分けて」とか「事柄を分けて」という意味ですが、特別にお願いごとをする場合には、改まった身なりやたたずまいをするのが礼儀なのです。つまり、日頃お世話になっている人生の大先輩に、改めて大事な相談ごとを持ちかけるときの心構えと一緒なのです。そう思えば、どう接すればいいか、自ずとわかるはずです。

☆守護霊はどこにいる?

環境を整えたら、いよいよ守護霊に願いをかける。つまり、祈りをするわけです。そうはいっても、特別に難しい作法があるわけではありません。守護霊はいつもあなたの側についているわけですから、親しく話しかければいいだけのことです。

では、どこに向かって語りかければいいのでしょうか。「守護霊はご先祖様なんだから仏壇に降りていらっしゃるんじゃないか」と思うかもしれませんが、これは違います。実は、仏壇につく霊というのは、ご先祖の中でもあまり高い霊界に行けなかった霊なのです。仏壇はそうした先祖霊のための場所であって、祈願をしたり、ご加護をお願いしたりするところではありません。先祖供養については折に触れ、私もいろいろなところで述べていますが、『入門　先祖供養』（正しい先祖供養研究会／ＴＴＪ・たちばな出版刊）という本に一通り原則的なことが書いてありますので、気になる方はご一読されることをお勧めします。

ともあれ、ここで大事なことは、守護霊は仏壇には降りていない、ということ。これをしっかりと確認しておきたいと思います。

では、神棚はどうか。産土神や守護神にお願いするのであれば、御札《おふだ》が納められている神棚に向かってお祈りするのが基本ですが、いまはダイレクトに守護霊にお願いする場合の話です。守護霊は霊格の高い霊ではあるものの、神様ではありません。したがって、守護霊と直接対話する場合は、神棚に向かうというのは少し違います。

「わかった。守護霊は背後霊の代表だから、自分の背中に向かって祈ればいいんだ……」と思った方がいるとしたら、まあまあ正解に近いかもしれません。ただし、前述したように、守護霊は常時、背中に貼り付いているわけではありません。第一、自分の背中に向かって祈るというのは少々やりづらいというものです。

そんなことをしなくても、どこか適当な空間に思いを定めて、「そこにいらっしゃる」と思えば、守護霊はそこにいらっしゃるのです。空間がやりにくければ壁に向かうのでもいいでしょう。ただし、それでなければいけないということではなく、存在を信じて守護霊に強く意識を向けることが一番大事なのです。

☆願いごとはハッキリと口に出して

準備は整ったでしょうか。では、いよいよ守護霊にお願いをしてみましょう。

「守護霊様。いつもお見守りくださいまして、ありがとうございます」

最初は感謝の言葉から入ります。社会人ならば、まず「お世話になっております」とあいさつするのが常識です。学生などで知らなかった方は、この機会にぜひ覚えておきましょう。特別に世話になった覚えがなくても、あるいは初対面であっても、仕事で会う人にはそうあいさつするのがならわしです。ましてや、守護霊にはいつもお世話になっているわけですから、実感が持てなくても、まずは感謝の言葉から入るということを習慣にすることが大切です。

そのうえで、いよいよ願いごとに入るわけですが、ここで一番大事なのは、あいさつも含めてハッキリと言葉を口に出して言うことです。もちろん、頭の中で思いを巡らせただけでも、守護霊はあなたの考えていることはすべてわかっています。しかし、もともとは私たちと同じ人間なのですから、わかっていても、ちゃんと口に出して言ってもらったほうが守護霊としても嬉しいのです。

また、言葉にはそれ自体にエネルギーがあります。日本では古来、これを言霊《ことだま》と呼んでいますが、ただ漠然と思っているよりも言葉にして出すほうが、願った事柄を顕現させるパワーがより強く働くのです。神霊的な目で見ると言霊のパワーは、雲のような形になっています。千一夜物語の『アラジンと魔法のランプ』では、呪文《じゅもん》を唱えながらランプをこすると、モクモクと雲が湧いて大男に変身しますが、ちょうどあんな感じだと思えばよいでしょう。つまり、言葉に宿るその人の想念が雲となるわけですが、正しい想念は白く美しい雲、邪《よこしま》な思いは黒雲となります。もとより正神界に願いが届くのは白い雲のほうであるのは言うまでもありません。では、正しい想念とは何か。自分勝手な想いではなく、

「相手もよし、われもよし」という発想。これが正しい想念です。

とにもかくにも、ハッキリと言葉に出して、正しい想念で守護霊に自分の〝とりあえず〟の目標をお願いしてみましょう。

「守護霊様、近々大事な商談がありますので、うまく話がまとまりますように。その結果、先方にも喜ばれ、お互いの幸せに結びつきますよう、よろしくお願いします」

口に出して言うと、胸の奥からグーンと自信が湧き上がってきます。「必ず商談は成功する！」という確信パワーが全身にみなぎってくるはずです。これは神霊的に見ると、守護霊が「よし、わかった！」と受け止めているからにほかなりません。

☆内容は具体的に言葉に出して祈る

これだけで守護霊にあなたの気持ちは伝わりました。しかし、さらに効果を高めるためには、できるだけ内容をかみ砕き、克明にイメージしながら、逐一《ちくいち》言葉に出してお願いすることが大事です。

「守護霊様、明日午後一時から、△△商事の山田課長と、××のキャンペーンの見積もりの件で打ち合わせがあります。なるべく相手もこちらも納得できるいい条件で話がまとまりますように。当方としては○○○万円（具体的な数字を言う）ぐらいが妥当な線と考えています。どうかよろしくお願いいたします」

このように、相手の実名、商談なら商談の場所、内容、希望する結論などをできるだけ具体的に申し上げるのが、大事なポイントになります。また、先方を訪ねて商談がまとまるまでの流れを具体的にイメージしながら祈ることも大切で、そうすると自然に言葉に実感がこもってくるから不思議です。

そもそも祈りとは、「イ（意識）」を「ノリ（乗せる）」ことであって、自分がどんな想いでその商談に臨むのか、情感を込めて守護霊に伝えることが祈りなのです。人を説得する場合も同じで、どんなに理路整然と事実を説明しても、そこに情感がこもっていなければ、相手に心は伝わりません。一番の根本はこの情感を伝えることであり、それをフォローするものとして言霊とイメージがあるわけで、言葉、イメージ、情感が祈りの三本柱であると理解してください。

さて、その情感の中身ですが、それが先ほど申し上げた「相手もよし、われもよし」という発想につながることが望ましいのです。できれば「世のため人のため」という気持ちで祈ればベストです。そういう気持ちで情感を込めて守護霊に頼めば、守護霊としても動かざるを得なくなるにちがいありません。

☆すべては発願《ほつがん》からスタート

神仏に願いを立てることを発願と言います。その発願をする際には「世のため人のため」という気持ちで臨むことが大切であるのは先に述べたとおりです。

ところで、ふだんの生活の中で細々としたことをお願いするのに「世のため人のため」という情感なんて込められない、という向きもあるかもしれません。そんな気持ちもわからないではありませんが、しかし、これは考え方を工夫することで簡単にできるようになります。まずは、「相手もよし、われもよし」という発想で、自分の願いが叶うことによって周囲に与える影響をポジティブに関連づけていけばいいのです。

たとえば、ダイエットの成功を守護霊にご祈願したとしましょう。

「守護霊様、今年の夏までに体重を五キロ落とせますように。ウエストも三センチ減らしてください。バストは減らさないでください。よろしくお願いします」

とまあ、ダイエットに成功してスリムになった自分をイメージしながら、具体的にお願いします。これだけでも守護霊は聞いてくださるでしょう。ただ、これだけではまだ守護霊は動きづらいのです。やはり、「世のため人のため」という情感に欠けるのです。そこで、自分が痩せることによって周囲に与えるメリットをいろいろ考えてみると……。

たとえば、痩せることによって心臓や腰にかかっている負担がなくなれば、それだけ健康になり、周囲に負担をかけることが少なくなるはずです。健康になって身軽に動き回れば、いままで以上によく働き、職場で役に立つことも可能です。さらに、痩せることによってスタイルもよくなれば、男性社員に目の保養を与えることもできるでしょう。あるいは、周りの人にもさわやかな気分を与えることができるかもしれません。

このように考え方を工夫することによって、周囲の人にとってプラスになることが関連づけられるわけです。こうしたことをすべて言葉にして、祈りの中に織り込んでいくと、「痩せたい」という願望が「世のため人のため」という情感につながっていくことになり、その分、守護霊としても動きやすくなるのです。

もちろん、祈るときだけではなく、常日頃から「世のため人のため」という気持ちで日々を過ごすことが大切であるのは言うまでもありません。ただし、「世のため人のため」

というのはかなり漠然とした情感であるのもまた事実で、とりあえずは家族のため、親戚のため、友人のためといった具合に、最も身近な人を思い浮かべながら祈ったらいいでしょう。そうすることによって、やがて身近な人の相談に乗ってあげたり、相談を持ちかけられたりする自分になったらしめたもの。守護霊交流の第一歩はすでに確立されたと思って間違いありません。

もちろん、そのためには最低限「自分のことは自分でできる」人間にならなければなりません。「世のため人のため」の「世」の一番身近な人間は他ならぬ自分であり、自分が幸せになり周囲によい影響を与えることができれば、それがすなわち「世のため人のため」なのです。

☆はじめの一歩を踏み出したときから守護霊は動き出す

「世のため人のため」という想いを持ちつづけると同時に、実はもう一つ大事なことがあります。それは、目標を実現させるために自ら進んで努力をすることです。当たり前と言えば当たり前ですが、神霊的な世界のみに偏すると、とかく他力に任せきりになってしまって努力を怠るという、よからぬ傾向が出てきやすいものなのです。

もともと人間には、努力よりも楽をしたがる性向があります。できることなら、労せず好結果を得たいというのが人情であると言っても過言ではないでしょう。しかし、冒頭でお話ししたように、そもそも守護霊というのは〝魂の教育係〟なのです。現実界に強い働きを持ってはいても、それは高い見地から見て、その人の御魂《みたま》の成長を願うからこそのことであって、頼まれるままに何でも望みを叶えてしまったら、かえって本人のためになりません。望みを叶えてやることによって、努力を忘れた怠け者になってしまったら、成長もなにもなくなってしまうというものです。

ですから、守護霊にお働きいただくためには、守護霊が自分に何を望んでいるかをよく知っておくことも大切です。そのうえで、お願いをするときにはすべてを守護霊に頼るのではなく、まず目標の実現に向けて努力することを誓い、次にお力添えをお願いすると、間違いなく守護霊は動かれるはずです。

「一生懸命に努力しますから、何とぞお力添えをお願いします！」

と祈ればいいわけです。

その努力は、どんな小さなことから始めてもかまいません。たとえば、成就したい事柄に関する情報を仕入れるために図書館に行くとか、インターネットで検索してみるとか、あるいは友人、知人に電話で尋ねてみる。そんなことから始めればいいのです。

実は、この小さな一歩を踏み出したときから守護霊が応援に動き出すのです。

☆「守護霊＝父親」と「自分＝子ども」の関係

守護霊にお願いするときには、必要以上に威儀を正してお願いするよりも、適度に甘えながらお願いしたほうが、守護霊の心に感応しやすいものです。無論、ここ一番の願いごとをするときには威儀を正す必要がありますが、いつもいつも威儀を正していると守護霊との距離が遠くなって、かえって感応しにくくなります。それよりむしろ、適度に甘えてくれたほうが守護霊としても親近感を感じ、「それならちょっと頑張ってやろうか」となりやすいのです。それはちょうど、子の成長を願ってはいるものの、適度に甘えてくれることもまた望んでいる親の心情に似ています。つまり、守護霊と自分との関係は、父親と子どもの関係のようなものなのです。

親は子どもの様子を見れば、どんなことを望んでいるか、だいたいのところは見当がつくといいます。そして、できることなら子どもの望んでいるものを与えてやりたいというのもまた、親の情というものです。そうではあっても、あまり親のほうから、そういうことを言い出すことは滅多《めった》にないようです。子どもの口から「お父さん、ちょっとお願いがあるんだけど……」と言ってくるのを待っている父親が多いのではないでしょうか。

そこで父親の機嫌《きげん》がよさそうなタイミングを見計らって、

「毎日仕事大変だね。肩でも揉《も》もうか」

と、まずは相手を持ち上げてサービスを提供する。これは、人にものを頼むときの約束ごとのようなものですが、そんな下心ミエミエの行為であっても、父親にとって決して悪い気はしません。

そうやって父親の心をくすぐっておいて、いよいよ本題に入るわけですが、あまりにストレートに願いごとを口にするのは感心できません。たとえば、

「テレビゲーム買ってよ。だって、みんな持っているんだよ」

と言うのでは、まず受け入れてもらえないと言っていいでしょう。というのも、テレビゲームなんか買ってやったら、ますます勉強しなくなるんじゃないかという心配が先に立

つからです。そこで先回りして、

「勉強頑張るからさ、テレビゲームを買ってくれない？」

と、親の心配を和《やわ》らげる。つまり、努力を誓うことを条件にお願いするわけですが、これはかなり効果的な方策と言えます。ただ、それだけですぐに買ってくれるかとなると現実は厳しく、ここからいろいろ交渉が始まることになります。まず、勉強を頑張ると言ってもはなはだ曖昧《あいまい》です。通知表の成績を2から3にするとか、3を4にするとか、あるいは学年トップを取るとか、子どもの出来具合によって、親が望むところも変わってくるでしょう。また、これまで1しか取ったことがないのに、「頑張って5を取るから」と言っても信用してもらえないでしょう。

いずれにせよ、嘘偽りなく、真心からの努力目標を示すことが肝要で、そうすればきっと受け入れてもらえるでしょう。

「わかった。じゃあ買ってやるから、約束どおり目標を達成しろよ。達成できなかったら没収だぞ」

これで交渉成立です。

ただし、テレビゲームといってもいろいろありますから、プレステなのか、ドリームキャストなのか、スーパーファミコンなのか、ソフトは何をつけて欲しいか等々、内容はなるべく具体的に伝えておきましょう。

☆身内の評価・他人の評価

かくして、テレビゲームを買ってもらうことに成功したとして、私たちが本当に心してかからなければならないのは、そのあとです。「フフフ。買ってもらったらこっちのものさ」とばかりに、勉強を放り出してゲームばかりしていたら、どうなるでしょうか。人間関係において最も大切なことは、約束を守ることです。とくに契約社会では、約束の遵守《じゅんしゅ》は千鈞《せんきん》の重みがあり、もし約束を守れなかった場合にはペナルティを覚悟しなくてはなりません。

もちろん親子関係は契約で成り立っているわけではなく、たとえ二学期が一学期と同じ成績だったとしても、

「ゴメンナサイ。次、頑張ります」

と素直に謝れば、

「調子のいいことばかり言って、仕方がない奴だ」

と、少し怒られはしても、契約違反だといって実際にテレビゲームを取り上げる親は少ないかもしれません。ただし、そういうことが度重なると、だんだん信用をなくしていくことは避けられません。そして最後には、何も買ってもらえなくなるでしょう。二学期は遊んでしまったなら、三学期は捲土重来《けんどちょうらい》を期して努力に努力を重ね、信用を回復する必要があります。

ただ、どんなに頑張ったつもりでも、約束どおりの結果が出るとはかぎりません。しかし、問題は結果ではなく「自分なりに頑張った」ということが大切なのです。少なくとも親はそこを見ています。毎日ちゃんと勉強していれば、そのことをお母さんがお父さんにちゃんと伝えるでしょう。結果が出なくても、本当に頑張ったことがわかれば、努力は認めてもらえるものなのです。これが身内の評価です。

守護霊も同じです。いや、守護霊はあなたのすべてをご存じですから、本当に頑張ったかどうか、親以上に知り抜いています。ですから、可能なかぎりの努力を注いでいれば、たとえ結果が伴わなかったとしても決してお怒りにはなりません。

☆目上の者への敬愛を忘れるな

大切なのは、親子のように親しく守護霊と付き合うことです。適度に甘えながら守護霊との距離を縮めていけば守護霊も喜び、その分、願いも通じやすくなるはずです。そうやって守護霊とのコミュニケーションを重ねていけば、守護霊とはどういうものか、理屈ではなく実感としてわかってきます。ここ一番というときには「こと分けて」お願いすることが大事ですが、日ごろは時と場所を選ばず、気軽にどんなことでも相談すればいいのです。

ただし、最近は目上の人間に対してぞんざいな口を利く若者も多いようなので、念のために言っておきますが、親しさと馴《な》れ馴《な》れしさは違います。親も守護霊も最も親しい存在ではありますが、自分と対等の存在ではないのです。いくら親しくなったからといって、

「守護霊のおっちゃん、今度もひとつヨロシクね。頼んだよ」

というような無礼な態度は厳に慎まなければなりません。

実は守護霊というのは、ことのほか、こういうことには厳しいのです。というのも、封建時代に生きていた先祖の霊が多いからです。礼儀作法はもちろん、親や年上の人にきち

んと孝行を積むことが当たり前の時代に生きていましたから、価値判断はいささか古風です。とくに武士の霊はこの傾向が強いようです。

また、神霊界というのは、秩序と礼節によって統制されたピラミッド型の組織になっていることを知っておく必要があります。神々や守護霊はともに相和しながらも、それぞれの立場を厳しく保っておられます。上位の神は下位の神をいつくしみ、下位の神は上位の神を敬いつつ、全体の調和と統制を保っているのです。私たちが、神界・霊界の存在と接触する場合も、この秩序を尊重し見習う必要があるのは言うまでもないでしょう。

そうは言っても、なかなかイメージが湧いてこないとは思いますが、実はこの神霊界の秩序に則《のっと》った礼儀を現実界で反映しているのが、皇室の作法なのです。たまには『皇室アルバム』などで研究してみてもいいのではないでしょうか。

もちろん、私たちが皇室の作法を見習うのは簡単なことではありません。昨日まで「父ちゃん、遊園地に連れてって」「ファミコン買ってよ、お願いだから」「腹へった。早くメシにしてくれ」などと、ぞんざいな口を利いていた子どもに、いきなり皇室の真似をしなさいと命じたところで、急にお行儀のよい子どもに変身するわけがありません。しかし、目上の人に対する尊敬の念を持ち、それなりに秩序を保つ努力は心がけ一つでできるはずです。日常生活においてもその心がけを忘れないことです。

また、先祖を大切にすることも、守護霊と感応するうえで忘れてならない大切なポイントです。というのも、守護霊は先祖の霊である場合が多いですから、先祖を大切にすると守護霊が喜ぶのです。先ほども触れたように、守護霊になるような霊が仏壇に降りてきたり、位牌《いはい》についたりするようなことは原則としてありません。霊格の高い先祖は別段、供養を必要としていないのです。ただし、かつて子孫の供養を受けた霊がのちに修養を積んで守護霊に抜擢《ばってき》されるというケースもありますので、先祖を大切にすると喜ぶ守護霊が多いのは間違いないところです。

また、先祖を大切にすることは、目上の者やお年寄りを大切にする精神にもつながり、こうした正しい秩序が、家庭内また社会的にも幸福をもたらす結果となります。要するに、守護霊から可愛がられる人は、社会でも他人から引き立てを受けるのです。これを「孝《こう》」の徳と言います。

☆この祈り方では守護霊は動かない

ところで、いくら礼儀正しく熱心に守護霊に願いをかけても全然叶えられないことがあります。

守護霊は、守るべき人の頼みならば、たいていのことは力を貸してくださいます。ただし、どうしても力を貸すわけにはいかない場合もあります。本人の御魂《みたま》の向上にならない願いは、頑《がん》として首を縦に振ろうとしないのです。

「どうか憎らしいヤツをこらしめてください。それが世の中のためなんです」

と、いくら情感を込めて祈っても守護霊は動いてくださらないでしょう。「人の不幸はわが身の幸せ」という発想は、愛と誠を大前提とする神霊界には通用しないからです。繰り返しになりますが、守護霊とは魂の教育係だからです。

また、慢心や油断、怠慢などがある場合も守護霊は距離を置かれて、いくら祈っても耳を貸してくださいません。自力による努力が大前提と申し上げたとおりです。

エゴイズムを丸出しにした願いにも力を貸してくださいません。

「宝くじで一億円当たりますように」

「今度の有馬記念の当たり馬券を教えてください」

こんな願いは論外です。総じて言えば「我《が》」と「慢心」。これを守護霊は嫌うことを覚えておいてください。

ところで、現実界で生きていく限りにおいて、他人と利害がぶつかることはまず避けられません。そういう場合、「相手もよし、われもよし」という気持ちにはなかなかなりにくいものです。

たとえば、オーディションの最終審査まで残って、選ばれるのは一人だけというような場合、人はたいてい、ライバルが失敗してくれることを心のどこかで祈るものです。すると、せっかくそれまで応援してくれていた守護霊が途端に動かなくなります。こんなときはどう祈ればいいのでしょうか。

結論から先に言えば、ただひたすら、全力を尽くすことだけを誓うこと。これしかありません。放っておけば、どうしてもライバルのことが気にかかりますから、ここは意識的に自分の想念をコントロールする努力が必要です。

もう一つ気をつけていただきたいのは、「こうなって欲しい」という結果に対する執着心があまりに強すぎる場合、本人の想念が黒雲をつくってしまい、守護霊の動きを鈍くしてしまうことがあることです。とは言っても、願望というのは強く念じなければ実現しにくいのもまた事実。つまり、どこまで強く願い、どこから〝ゆだねるか〟が問題になるわけです。

☆最後はお預けする

私たち人間は、残念ながら未来のことはわかりません。いま、自分の願っていることが本当に将来の幸せにつながるかどうか、実のところはわからないのです。しかし、とりあえず目先の目標があれば、それに執着し、何としても実現したいと思うのもまた人間の常で、願いが叶えられなければもがき苦しんだりします。

そんな私たちをもっと高い見地からご覧になっているのが守護霊であり、守護霊は先のことまでご存じなのです。本人や周囲の人にとって、願いを叶えたほうがいいのかどうか、すべてお見通しなのです。それをわきまえれば、最後は「すべて守護霊様にお任せします」と結んで心を納めることができるはずです。

どこまで強く願い、どこから〝ゆだねるか〟ということで言えば、八割は徹底して目標の実現を信じて願い、残りの二割は守護霊の未来予測の価値判断にゆだねる。こうすれば、過度の執着や我と慢心も避けられるはずです。とくに、いくら守護霊に祈っても逆方向にことが運び、ものごとが行き詰まってしまうようなときは、「これは守護霊様が先々を見通して、よくないと判断されるからに違いない。いくら祈っても逆方向にことが運ぶのはきっとそのためだ。たぶんこの成り行きのほうがベターなのだろう」というように考えて、執着心を捨てて守護霊に心をお任せしたほうがよいでしょう。

それでも納得できなかったら、「もし私が間違っていたら、ハッキリとわかる形で教えてください」とお願いしてもいいでしょう。守護霊は必ず答えをくださいます。

守護霊からのメッセージの受け取り方は次の章で説明しますが、要は、最初に決めた目標にあまりこだわらず、守護霊の考えを忖度《そんたく》しながら微調整をしていくことです。

もちろん人生の大目標を持つことは大切です。しかし、そこに至る道は一本とはかぎりません。あるいは途中で目標が変わる場合もあるでしょう。ですから、私たちにできることはとりあえずの目標を立ててそこに向かって努力していくことであって、そうすれば、自然に自分が進むべき方向に守護霊が導いてくださるでしょう。

それが守護霊の上手な活用法なのです。間違いを教えてもらったら、また新たな目標を立てて努力を誓う。これを神道では「宣《の》り直《なお》し」と言います。守護霊とコミュニケーションを重ねながら、何度でも宣り直していく。この繰り返しで、山を登るように少しずつ大きな目標に近づいていくよう心がけていきたいものです。

第三章

背後霊　中級編

願望実現のメカニズム

☆なぜ願望が実現するのか

守護霊に願いごとをすると、なぜ実現するのでしょうか。もちろん、守護霊が動いてくださるからなのですが、お父さんのようにデパートへ行ってテレビゲームを買ってきてくれるわけではありません。

では、どのようにして守護霊は人の願いを叶えるのでしょうか。

実は、守護霊は私たちの霊界、つまり「想い」の世界に働きかけて、ものごとを成就させるのです。そんなことで願望が実現するのかと思うかもしれませんが、この世のありとあらゆる出来事は、すべて私たちの想いが作り出したものなのです。

たとえば、朝起きて顔を洗うのは、「顔を洗おう」という意思が先にあるからです。そんなこと、いちいち考えて顔を洗う人はいないでしょうが、習慣になってしまっているがゆえに「顔を洗おう」と考えるのを省いているだけのことです。あるいは食事をする場合でも、「何か食べたい」という意志、想念が先にあり、次に「何を食べようかな」といろいろイメージを膨らませるはずです。そういう想いの世界、イメージの世界が実は、ほかならぬ霊界なのです。

洗顔や食事という卑近な例を挙げて説明しましたが、もっと大きく言えば、想いのなかに文化があると言ってもいいでしょう。実は、この文化という高度な想いの部分、精神の部分こそが神魂《しんこん》といわれるものであり、私たち人間に宿る神なるところなのです。

話をもう少し身近な願望に戻しましょう。

どんな仕事でも結構ですが、一つの仕事を成功させるには、まず、その仕事に対して「いい感じ」を持たなければなりません。大嫌いな仕事をイヤイヤやったのでは、絶対にいい結果が出ないのは言うまでもないでしょう。「いいな」「素晴らしいな」という直感（感性）が、次に「どうやったらうまくいくのか」というイメージ（想念）を生み、そして、そのイメージが現実の行動を引き起こすのです。この世のすべての出来事は、この感性（神界）↓想念（霊界）↓行動（現実界）という流れに沿って生み出されるものなのです。

自分が「いいな」と思う仕事で目標設定をする。そして「世のため人のため」という気持ちで、守護霊にお力添えをお願いする。すると「どのようなやり方をすればうまくいくのか」というイメージや想念を働かせるところに守護霊の力が加わって、願ったことが成就するわけです。

その守護霊の働きとは、たとえば人との出会いであることが多いのですが、偶然手にした雑誌の中に仕事のヒントが隠れていたりすることもあります。あるいは、たまたまテレビのチャンネルをひねったら、出演者が自分の悩んでいた問題の答えを口にしたり、番組の中から仕事に役立つアイデアを得られたりというように、その現れ方はさまざまです。

ただ問題は、そうして一生懸命発信してくれている守護霊からのメッセージを受け止めることができるかどうか。ここに私たちにとっての大きなテーマがあると言っていいでしょう。

☆一霊四魂《いちれいしこん》の働き

ここで簡単に、人間の霊的構造について説明しておきましょう。

私たちの体の肉体部分が、頭、胴、腕、足、あるいは内臓、筋肉と分かれているように、霊的な部分もそれぞれの役割に応じて、次の四つの御魂《みたま》に分かれています。

●奇魂《くしみたま》——智《ち》を司る。他の三つを総括する立場であり、霊感、直感をもたらす

●和魂《にぎみたま》――親《しん》、和《わ》、つまり調和を司る。体にあっては内臓を担当
●荒魂《あらみたま》――勇気を司る。筋肉や骨格を担当
●幸魂《さきみたま》――愛情を司る。情や心の部分を担当

この四つの魂がワンセットになって、私たち一人ひとりの霊を形づくっているのですが、どの御魂の働きが強いかによって個性の違いが現れるわけです。たとえば、芸術家タイプは総じて奇魂の働きが強く、格闘家などは荒魂の働きが強い、といった具合です。また、他力を呼び込むのもこの四つの御魂であり、守護霊のパワーもこの四つに伝わり、運という形で現れます。

仮に、守護霊にお願いしたあと、知らぬうちに勇気がフツフツと湧いてくるようでしたら、守護霊のパワーが荒魂に働いていると考えて間違いありません。この荒魂はものごとを完成成就させる働きがあり、現実界でも最も価値のあるものと言うことができます。

また、あふれんばかりの愛情に満ちて、自然に人に優しくなってくるようでしたら、守護霊は幸魂に働いていると思っていいでしょう。幸魂は神仏をも動かし得る最も麗《うるわ》しい御魂です。

あるいは、周囲との調和を大切にしてものを考え、行動するようになってきたら和魂に働きかけていると言えます。そして、ヒラメキやインスピレーションが高まってきたら、守護霊が奇魂に働いていると判断していいでしょう。

守護霊の働きの現れ方はさまざまですが、最も直接的に影響を受けるのは何と言っても性格です。総じて言えば、明るく発展的で「世のため人のために役立ちたい。困っている人を助けてあげたい」という慈悲慈愛《じひじあい》の心を持っている人は、守護霊の影響を強く受けているといえます。そして、その愛念に満ちた明るい性格ゆえに周囲の人の協力も得て、望んだことが成就して幸せになっていくのです。

☆奇魂を鍛える方法

守護霊の素晴らしさは、単に願いを叶えてくれることだけではありません。礼節を持って指導をあおげば、どんなことでもこと細かく教えてくれるのです。それには無論、守護霊からのメッセージを的確にキャッチできなければなりませんが、コツさえつかめば誰でも受信できるようになります。もちろん、守護霊は直接、電話をかけてきたりメールをくれたりするわけではありません。一般に、守護霊から伝えられるコミュニケーションの方法には次の二つがあります。

その① 直接内流《ちょくせつないりゅう》
その② 間接内流《かんせつないりゅう》

まずは、直接内流から——。

これは守護霊がパッと直感に働きかけることによってメッセージを伝えようとするもので、ダイレクトに本人へ伝えようとすることから直接内流と言います。

直接内流によって守護霊からのメッセージを受け止めるためには、先に挙げた四つの御魂のうち、とくに霊感を司る奇魂を磨き、常にピーンと冴えた状態にしておくことが大切です。未来への予見性や創造性、あるいは未知のものを発見するインスピレーションなどは、すべて奇魂の働きです。

奇魂を霊眼《れいがん》で見ると、本人とそっくりな姿形《すがたかたち》をしています。大きさは小指の先ぐらいで、額の部分を通して本人のなかに入ったり出たりします。この奇魂が体を自由自在に出入りできるようなレベルになると、霊界や星の世界にも自由に行けるようになります。こうした状態を指して、「天眼通力《てんがんつうりき》」が開かれたとも言います。つまり、奇魂を鍛えるということは、霊能力《れいのうりょく》を高めることでもあるわけです。

では、どうすれば奇魂を鍛えることができるのでしょうか。これを考えるとき、誰もが真っ先に思い浮かべるのが滝に打たれたりとか断食をするという、いわゆる荒行《あらぎょう》ではないでしょうか。たしかに、昔から神通力《じんつうりき》を得るために滝に打たれたり断食をするなどの荒行が行なわれてきたのは事実です。しかし、霊能開発だからといって特別な修業をする必要はありません。ちなみに、こうした荒行を後天《こうてん》の修業《しゅぎょう》と言いますが、実はこうした修業法は一歩間違うと大変な危険を伴うのです。しかも、想像を絶する努力が必要な割には、効果があまり上がらない。自力で霊能を開発するというのは、決してお勧めできる方法ではない、ということを断言しておきたいと思います。

では、どうしたら奇魂を鍛えることができるかというと、進んで高級神霊と仲よくすること、つまり、守護霊と親しみ、守護霊が好むような人間になることです。これに勝《まさ》る奇魂のトレーニング法はないと言っても決して言いすぎではありません。

そのためには、まず我《が》を捨てることが大切です。自らの内に眠る素直な心を大事にして、我見《がけん》、我執《がしゅう》を捨てる。そして「世のため人のため」に役立ちたいという、守護霊ほか高級神霊たちと同じ気持ちを大切にしていけば、向こうから親しく訪ねてきてくださるのです。つまり、断食をしたり滝に打たれたりするよりも、高級神霊と波長を合わせることが何より大切なのであって、そうした自分をつくるべく努力を積み重ねていけばやがては霊能が開発されて、守護霊からのメッセージが受け取りやすくなるのです。こうした修行法を先天《せんてん》の修業と言います。

ということは、日々の生活態度が問われる、ということでもあります。守護霊は二十四時間いつもあなたを見守っていますから、都合のいいときだけ姿勢を正して守護霊にご指導をいただこうとしても、すべてはお見通し。目先のごまかしは効かないと心得るべきでしょう。要は「天知る、地知る、我《われ》が知る」ということを知り、正しく日々の生活を送ることです。

☆直感の見分け方

奇魂が発達してくると、ふとしたヒラメキが湧いてきたり、インスピレーションを受けたりすることが多くなります。なぜそう思ったのか理由はよくわからなくても、「これだ！」という気がしたら、それは守護霊からのメッセージと考えていいでしょう。

だいたいものごとがうまく行っているときというのは、直感に従って行動している場合が多いものです。本人は自分の頭で考えたと思ってはいるけれど、最初にヒラメキがあって、理由は後からついてくるもの。すでに霊界で出来上がっているものを行動に移すだけですから、いちいち考えなくても済むのです。

「どうも自分は勘が鈍くて……」という方も心配する必要はありません。奇魂は、使えば使うほど強くなるし、繰り返すうちにコツもわかってきます。つまりは、お稽古ごとと同じで、日頃から守護霊を強く意識し、どんな問題に関しても問いかける習慣を身につけることが奇魂を鍛えるコツなのです。

そうやって、こちら側からの発信を増やせば、当然のことながら返ってくる答えも多くなってきます。最初のうちは、なかなかキャッチできないかもしれませんが、反復練習するうちにだんだん直感は冴えてきますから、心配することはありません。

ただし、直感が冴えてきたら、注意しなければならないことがあります。それは何かと言えば、もし耳元でささやくような声が聞こえてきたとしても、決して耳を貸さない、ということです。これはしっかりと覚えておかなければなりません。なぜ耳元でささやく声に耳を貸してはならないのか。それは、正神界《せいしんかい》のものではないからです。守護霊にかぎらず、正神界の高級神霊は耳元でささやいたりペラペラしゃべるようなことは決してなさりません。「こうしなさい、ああしなさい」と具体的な言葉で手取り足取り教えたら本人の魂の成長に結びつきませんから、あくまでもヒントを与えるだけなのです。

そこを考えれば、耳元でささやいたり、明確な言葉で教えたりする者の正体が何なのか、だいたいの見当がつくはずです。そうです、どんなにもっともらしいことを語ったとしても、狐などの低級霊のイタズラがほとんどなのです。間違っても高級神霊がそのような真似をするわけがありません。また、自動書記の類《たぐい》もまやかしであるケースがほとんどですので、奇魂が発達していて霊界との交信ができる人は、その点、十二分な注意が必要です。

では、守護霊からの返事はいつ、どのようにして返ってくるのかというと、夢中になって仕事をしているときとか、掃除や洗い物をしているときなど、われを忘れて一つのことに集中しているときがほとんどです。対象が仕事であれ家事であれ、われを忘れて取り組んでいるその瞬間は「我《が》」がありません。少なくとも雑念妄想《ざつねんもうそう》にとらわれているような状態ではありません。ですから、守護霊からのメッセージをキャッチしやすいのです。それを考えれば、守護霊に願いをかけたあと、ボーッとして返事を待つのがいかに間違っているか、容易におわかりになるはずです。

　では、座禅や瞑想をして守護霊からの返事を待つというのはどうかと言うと、これまたあまり感心できません。座禅や瞑想は魔が入りやすく、大変危険なのです。そんなことをするよりも、とにもかくにも目前のしなければならない仕事、しなければならない家事に一心不乱に取り組むことです。それが、前述した日常生活での修業であり、守護霊からのメッセージを正しく受ける秘訣でもあるのです。

　守護霊からのメッセージにかぎらず、神霊界からのメッセージを受けたとき、それが正神界からのものか邪神界《じゃしんかい》からのものか判断がつかないときには、そのメッセージを受けたとき、自分がどのような精神状態であったのかを省《かえり》みたらいいでしょう。もし「世のため人のため」という愛念の心――会社の経営者なら従業員や取引先の幸せを真剣に想い、祈っているときに受けたメッセージだったら、それは真実、正神界からのものと判断していいでしょう。反対に「われよし」の心――たとえば海外旅行の資金稼ぎのために一発、馬券を当ててやろうと夢中になってレース検討をしているときに受けたメッセージであるなら、それは邪神界からのものと思って間違いありません。

　それからもう一つの判断方法として、受けたメッセージを現実界の常識に照らし合わせて考えてみる、という方法があります。守護霊をはじめ正神界の高級神霊たちが現実界の常識とあまりにかけ離れたメッセージを送ることはまずあり得ません。ですから、そのメッセージを常識に照らし合わせてみて、割りきれるようでしたら、守護霊からのメッセージと判断していいでしょう。

そうやっていろいろ考えてもわからないときには、自分の願ったことが本当に「世のため人のため」という愛と慈悲の心から出たものかどうか、真心のこもった祈りであったかどうかを反省し、守護霊に投げかけてみればいいでしょう。「もし間違っていたら教えてください」とお願いすれば、鴨居《かもい》にガツンと頭をぶつけたり、玄関を出た瞬間にすべって転んだりなど、非常にわかりやすい形で教えていただけるはずです。

☆周囲の人の口を借りて伝えられることもある

先ほど述べたように、守護霊からのメッセージを受信する方法には、直接内流と間接内流がありますが、ヒラメキやインスピレーションを通じて伝えられるのは直接内流の代表的なものと言えるでしょう。

これに対して、間接内流というのは守護霊からのメッセージが何か媒介を通して伝えられることを言います。代表的なものは、人の口を通して返事が示されるケースで、実際にはこれが最も多いようです。

直接内流で伝えようとしても、本人に専門知識がなければパッとひらめいても何のことかわからないかもしれません。そういうときは、専門知識のある人に守護霊がかかって、その人の口を通して教えてくださるわけです。

また、直感力が弱く、ヒラメキやインスピレーションと縁のない人もいるでしょう。そういう人の場合、守護霊はあの手この手と間接的な方法でアプローチを試みられるのです。こちらが真剣に祈れば、守護霊としても何とかしてメッセージを伝えなければなりません。そこで、問いかけた問題についての答えをさまざまな形で示し、本人に気づかせようとされるのです。

たとえば、車を買うことを決めたものの、ベンツにするかカローラにするか迷っていたとしましょう。ベンツは昔から憧れていた車で、いつかは乗りたいと思っていた車です。もちろんキャッシュでポンとは買えませんが、ボーナスを頭金にしてローンを組めば何とかなりそうです。しかし、子どもも育ち盛りで家計への負担は大きい。いろいろ迷ったものの結論が出ないので、守護霊に聞いてみることにしました。

「守護霊様、こと分けて申し上げます。ベンツがいいか、カローラがいいかお教えください。家族みんなの幸せのためには、どちらがいいでしょうか」

いつものように、ハッキリと言葉に出して謹んで申し上げます。

「あのネ、ベンツもいいけど、分相応っていうものがあるんじゃないかな。いまはカローラでガマンして、将来、部長に昇進したらベンツにしなさい。いまベンツを買ったら奥さんが家計のヤリクリで苦労するよ。夫婦ゲンカの種になるから、カローラにしなさい。小回りが利いて、よく走るよ」

一生懸命、直接内流で答えを示しているのですが、本人が「ベンツが欲しい。ベンツが欲しい」と執着しているので、守護霊の声が届きません。そんなとき、郷里のお父さんから突如として電話がかかってきました。

「最近のカローラはずいぶんいいみたいだぞ。燃費もいいし、高速でも安定している。やはり車は実用的でないとな」

一昨日まで「車だけはいいものに乗れ」と言っていたのに、急にカローラと言い出しました。実はこれが、守護霊からのメッセージなのです。

このように、守護霊は間接内流においては他の人の口を通して教えることが多いのですが、これだけではそれが守護霊からのメッセージなのか、お父さんの個人的な意見なのか、なかなか判断がつかないのもまた事実です。

☆答えは三回以上示される

守護霊になる霊は総じて、非常に律儀《りちぎ》な方が多いらしく、一度でダメなら、二度、三度と答えを伝えてくれるのがふつうです。ここらあたりはまさに〝魂の教育係〟としての面《めん》目躍如《もくやくじょ》といったところですが、どんなに鈍感な人間でもメッセージをキャッチできるように、三回以上お伝えになるのが間接内流の特徴です。実に涙ぐましい努力と言うべきでしょう。

「何だ、オヤジのヤツ、急にカローラなんて言い出して、どうしたことなんだろう？」

そう思っていると、また電話のベルが鳴りました。

「久しぶり、最近どうしてる？」

今度は友達からの電話です。

「うん、まあまあだよ。君こそどうしてる？」

「いやあ、ちょっと前、車を買ったんだ。カローラなんだけどさ、結構爽快だよ」

「…ああ、そう」

「どうしたんだ。何驚いているんだ？」

「いや、ちょっと」

同じようなことが二回続けば、誰でも少し気にかかります。それでも、まだ決めきれずに玄関を出て、バス停でバスを待っていると、急に車が止まって声をかけられました。見ると、車はカローラです。

「いやあ、田中君じゃないか」

「あっ、先輩。この近くだったんですか」

「いや、ちょっと通りかかっただけだ。また今度、飲みに行こうよ」

これで三回目です。カローラ、カローラ、カローラと続くと、さすがにベンツのほうがいいと思っていた心が揺らぎはじめます。

「よし、この際カローラにするか」

そう決心した途端、玄関のチャイムがピンポーン。

「お車いかがですか。今、春のキャンペーンでカローラがお勧めなんですけど」

セールスマンまで来た。ダメ押しの四回目です。

「わかりました、守護霊様。カローラにします。ベンツは諦めます。お返事ありがとうございました」

もう観念するしかないでしょう。

一回目はお父さんからの電話、二回目は友達の電話。三回目は、バス停でバスを待っているとカローラが止まった。ふだんは目に入らなくてもこういうときはドキッとするものです。車の中から先輩に声をかけられたわけですが、ふだんなら別にカローラに乗っていても驚きはしないでしょう。これも守護霊が教えているのです。

このようにして、守護霊の答えが返ってくるわけですが、神道ではこれを「クシロを取る」（神様のメッセージを受ける）と言います。つまり、ご神意《しんい》というものをいくつか証《あかし》を取って確認するわけです。ちなみに、クシロを取る場合は三つを基準とします。三回同じようなことが示されれば、これはもう守護霊からの答えと思って間違いありません。

☆わからなければ何回でも問いかけよ

わかりやすい例で説明しましたが、このようにハッキリと明確な答えが毎回示されるとはかぎりません。たとえば、車のことで悩んでいるのに、突然、友達からかかってきた電話は家具の話かもしれません。

「この前、ドイツ製のソファーを買ったんだけどね。デパートで見たときにはいいと思ったんだけど、部屋に置いたら大きすぎて、何か部屋にマッチしないんだ。やっぱり日本人には日本製のものが合っているよね」

これも守護霊が答えを伝えようとしているのですが、果たして本人が気づくかどうか。ここは発想の柔軟性と咀嚼《そしゃく》力《りょく》の問題ということになります。

もっとわかりやすく教えて欲しいと思うかもしれませんが、守護霊としてもメッセージを伝えるためにわざわざ友達に必要のない車を買わせるわけにもいきません。そこで、周辺にある材料のなかから一番適したものをピックアップして示されるわけです。

それは、たまたまつけたテレビの画像に示されるかもしれません。本や新聞記事のなかから発見するかもしれない。ネットサーフィンをしていて、偶然目についたサイトに載っているということもあるでしょう。つまり、身の周りのありとあらゆるものが守護霊からのメッセージである可能性があるということであって、よほど意識していないと、とかく見過ごしてしまいがちなのが、この間接内流でもあるのです。ボーッとしていたのでは、せっかくの守護霊からのメッセージもキャッチできません。やはり、いつもアンテナを張りめぐらし、どんなヒントも見逃すことのないように心を研ぎ澄ますこと。これを忘れてはなりません。守護霊に守られていることを強く信じ、人と話をするとき、本を読むとき、守護霊からの声を聞く心構えでいることです。

それでもわからなければ、何度でも尋ねてみればいいでしょう。守護霊にはお骨折りいただいて申しわけない気もしますが、むしろこれは、守護霊にしてみれば好ましい態度に映るはずです。何度も何度も問いを発し、確実な答えが得られるまでクシロを取れば、最終的に出した結論に対する確信は揺るぎないものとなるでしょう。

先ほども述べたように、直感やインスピレーションは、本人の「こうなって欲しい」という意識が入って狂いが生じる危険性があります。また、低級霊が介入する危険性もあります。その危険性を避けるためにも、直接内流と間接内流の併用が最適の方法と言えます。とくに、一生涯を左右する大きな問題の場合にはこの態度を貫くべきです。あらゆる角度から徹底して問いを投げかけ、もう絶対に間違いないと確信できるまで、その証を取りつづけることです。そこまで真剣に祈れば、守護霊も喜んでお骨折りくださるに違いありません。

☆感謝の気持ちは必ず表せ

　さて、願望が叶えられたり、また、悩んでいる問題の答えを教えていただいたとき、絶対に忘れてならないことがあります。それは守護霊のお働きに対する感謝です。

「守護霊様、いつもお見守りくださいましてありがとうございます」というのは、あえて言えば日常的なあいさつでしかありません。特別な問題についてお力添えいただいたら、その都度、そのことに対して感謝の意を表明するのが礼節というものでしょう。これは人間社会でも同じことではありますが、守護霊は秩序や礼節に対してことのほか厳しいことは前章で説明したとおりです。

「守護霊様。〇〇の件につきましては、本当にありがとうございました。お蔭様で、すべて問題は解決いたしました。これからも一生懸命に頑張りますので、今後ともよろしくお願いいたします」

最低限、これくらいは言葉を尽くすべきでしょう。そうすれば、

「これくらいの働きでこんなに喜んでくれるのか。次はもっと大きく助けてあげよう。何でも相談に乗るぞ」

ということになるに違いありません。つまり、リピートオーダーが効くわけです。この感謝の祈りを忘れていると、守護霊はだんだん動かなくなります。稲荷狐のようなバチを当てるようなことをなさるわけではありませんが、そのことに気がついたら、お詫びして、改めて感謝の意を示すべきでしょう。

人間社会でもまったく同じで、地位も名誉もある立派な人に助力をお願いしておきながら、成就したら知らん顔、頼むだけ頼んでお礼の電話一本もよこさなかったら、

「なんて礼儀知らずなヤツだ。今度何か頼んできても動いてやらんぞ」

ということになるのは当然です。

守護霊も元は人間なのです。私たちと同じように喜怒哀楽の感情を持っているのです。そこを忘れてはいけません。逆に、そのことをよく知って、常に守護霊に喜んでいただくようにもっていくと、気分よく動いてもらうことができます。

では、守護霊に喜んでいただくにはどうしたらいいのでしょうか。礼を尽くすのは当然のこととして、それとは別に守護霊を感動させる奥の手があるので、それをちょっと紹介しておきましょう。

結論から先に言えば、守護霊への祈りの言葉、そして感謝の言葉を守護霊が生きていた時代の言葉にして言上《ごんじょう》するのです。つまり、万葉集や古代歌謡、短歌、祝詞《のりと》などのような形にして祈るわけです。そんなこと、できっこないと思う向きも多いでしょうが、要は熱意です。日頃から万葉集や短歌、祝詞などに親しむように努めれば、誰でもできるようになるはずです。どうしても無理だとおっしゃるなら、何にでも「候《そうろう》」をつけて候文《そうろうぶん》にしてしまってもいいでしょう。そうやって守護霊の世界に歩み寄る努力を見せれば、必ずや守護霊の受け取り方も違ったものになるはずです。

感謝の内容はすでにテレパシーで伝わっていますから、ヘタでもかまいません。あなたの守護霊がどの時代に生きていたかはわかりませんが、およそ無学文盲の守護霊というのはお目にかかったことがありませんので、時代と教養レベルがピタリ合えば非常にお喜びになります。そこまでの努力と誠に感動されるのです。

昔の人の気分に浸れば、その時代に生きた守護霊の気持ちもだんだんわかってくるでしょうし、知らず知らずのうちに教養も身につくというものです。

☆守護霊追い込み秘伝

守護霊へのお礼にお金は一円もかかりません。稲荷狐のように油揚げを要求したり、蛇のように卵やお酒を欲しがるわけではありません。感謝の意を忘れず、それを言葉で表せばいいのですから、心を込めてどんどんお礼すべきです。

毎日を「感謝、感謝」の気持ちで過ごせば、人は誰でも幸せな気分になってきます。しかも、感謝の効用はそれだけではなく、現実的にも思わぬところで〝得〟をすることもあります。

これは拙著『強運』にも載せた話ですが、たとえば、電車に乗ったらたまたま目の前に一つだけ席が空いていて、運よく座ることができたとしましょう。

「守護霊様、ありがとうございます。今日は一日忙しくてとても疲れていたんです。このお心遣いは一生忘れません。どうもありがとうございました」

こう感謝の言葉を述べたものの、これは別に守護霊が動いたわけではなかった。こういうとき、守護霊はどんな気持ちになるでしょうか。

「よしよし、わかった。仕事で疲れているなら、明日は私が責任を持って一つ席を用意しておいてやることにしよう」

こうして、次の日も、また次の日も、帰りの電車は必ず座れるようになる、というわけです。これはあくまでも一つのたとえですが、相手が感謝しているのにそれを無視するような冷たい守護霊はいません。何かにつけて常に守護霊のお蔭だと思って感謝をしていると、守護霊としても「動かざるを得ない」のです。これを私は、〝守護霊追い込み秘伝〟と呼んでいます。

「日々、感謝の気持ちで暮らしていると自然に運がよくなる」というのは、世間一般でも言われていることですが、これには、こうした神霊的な背景もあるわけです。

☆霊界納得秘伝

毎日を感謝の気持ちで過ごせれば言うことはありません。しかし、現実界で生きていく限り、いつもそういう気持ちになれるわけではありません。仕事でも学校でも家庭でも、ときとして人間関係に軋轢《あつれき》が生じるのは避けられません。とくに仕事においては、たとえイヤな上司や取引先であっても、頭を下げつつ上手に付き合っていかなければなりません。ここが宮仕えの辛いところではありますが、守護霊をうまく活用して、どんな人とでもうまくやっていく方法があります。名づけて〝霊界納得秘伝〟。これは拙著『大金運』（TTJ・たちばな出版刊）の中で「深見流・大金運、出世ヒント集その②」として紹介した話ですが、ここでもう一度、ご紹介することにしましょう。

どんな人にも守護霊はついています。ということは、上司や取引先にも守護霊はいるわけで、相手に会う前にその守護霊に事情をよく説明しておくと、交渉がうまく運ぶことが少なくありません。相手が苦手なタイプであったり、切り出しにくい用件の場合であっても、心がざわついたり、萎縮《いしゅく》したり、苛立ったりせず、不思議とスムーズに話が進み、相手が納得してくれるようになることが多いのです。非常に便利な方法ですので、ぜひ一度実践してみてください。

基本的な心構えから述べていきましょう。

非は明らかに相手にあるのに頭を下げなければいけないというような不条理は、多かれ少なかれ誰でも体験しているはずです。そんなときには、憤慨したり逆に落ち込んだりしがちなものですが、それでは少しばかり智恵がなさすぎます。それに何より人生が愉しくありません。不条理なことに直面したときには、次のように考えたらどうでしょう。

「あんな人でも現世に生まれてきたからには、何か天命《てんめい》があるはずだ。それを守る守護霊がいるはずだ。人間は尊敬できないけど、守護霊なら尊敬できる。あの人の背後にいらっしゃる方々に頭を下げよう」

こう思えば、自分の心に無理がなくなるでしょう。相手の守護霊も感心するので、直接、本人と会ってもスムーズにことが運ぶようになります。場合によっては、相手が自らの非を悟り、頭を下げてくるかもしれません。あなたの礼節に、目に見えざる相手の魂が応えてくれるのです。

では〝霊界納得秘伝〟の具体的なやり方を紹介しましょう。

「○○さん（相手のフルネーム）の守護霊様、守護神様、御魂様」

まずは、この言葉を十回以上、念を込めて唱えます。自分の守護霊とは日頃頻繁《ひんぱん》に交流していても、その人の守護霊・守護神とはファースト・コンタクトなのですから、丁寧に呼びかけて、こちらに気づいていただかなければなりません。そのためにも、相手の守護霊、守護神、御魂がその場におられることを強く確信しながら祈る必要があります。そうやって確信すると、霊的な感応力は数段アップするのです。

次に、その人の守護霊および背後霊たち、守護神、そして本人の顔をしている御魂（光の玉をイメージしてもよい）に対して、ことの次第とこちらの言い分をなるべく事細かく言葉に出して言上します。とにかく、穏やかにかみ砕くように事情を説明することが肝要です。

そして、最後の締めくくりとして、必ず相手の幸せを祈ります。

「〇〇さんにとっても、私にとっても善なるほうへお導きください」

これを忘れないように。あるいは、「もし、私が間違っておりましたら、〇〇さんの口を通して私にお示しください。よろしくお願いします」と祈ってもよいでしょう。

もちろん、先方の守護霊に祈る前に、自分の守護霊に事情を説明しておくことを忘れないようにしましょう。そうすれば、自分の守護霊と相手の守護霊が協力してことの解決に当たってくれるはずです。

こうして、霊界における守護霊の架け橋をつくってからことに当たるのが〝霊界納得秘伝〟なのです。

この秘伝を行なうとき、一つだけ注意を要することがあります。それは、自分の守護霊に祈るときもそうですが、決して自分の希望する結果だけを祈らないということです。守護霊というのは、過去、現在、未来を見通したうえで、高い見地から導いてくださっていますので、前章でも述べたように、最終的な判断は守護霊に委《ゆだ》ねるという心構えを忘れてはなりません。自分の言い分を精一杯主張したら、最後はさっぱりと執着心を捨てる。そのためには、結果はすべてお預けするのです。

さて、職場で実践するときのポイントを述べておきましょう。

① 人が見ていなければ廊下でお祈りを唱える

② 人が見ているときは、トイレの個室のほうに入り、密室の中で祈り込む。周囲に人がいるような場合は、水を流して祈りの声が外に漏れないようにする

③ 相手を訪ねてドアをノックするときは、「ノックは相手の守護霊様へのあいさつ」と割り切り、頭を下げるときは「相手の守護霊様、守護神様、御魂様に対するあいさつ」のつもりで行なうこと

④ 守護霊と密接なコンタクトを持つためのパワーコール（これについては拙著『強運』に詳しいので、ぜひ参考にしてください）を相手に会う直前に口の中で唱える。でき

れば三十六回唱えるとよい

⑤相手からおこごとを頂戴しているときは、顔を神妙にしながら心の中ではパワーコールを唱えつづける。すると、相手の怒りは最小限度に抑えられる

以上のようなことを基本に、自分なりに状況に合わせていろいろ工夫してみてください。この秘伝は職場の上司や取引先だけでなく、学校やサークルでの活動、また夫婦ゲンカに至るまで、人間関係全般に応用できます。もちろん日頃、自分の守護霊と親しく交流していれば、それだけ強い効果が期待できるでしょう。

☆霊的ストレス発散法

人間関係の軋轢《あつれき》というのは日常茶飯事。人と会ったあと、不愉快な思いをいつまでも引きずったり、あらぬ噂が耳に入って心が乱されることも多々あります。そういうときであっても常に感謝の気持ちを忘れないようにしたいところですが、なかなかそういう気分になれないときもあるでしょう。社会生活を営んでいればやはり、いろいろストレスが溜まるのはなかなか避けられないものなのかもしれません。そうした日常的なストレスを心の

中に押し止《とど》めたまま、無理やり「感謝」しようとしても、かえって暗い想念をつくってしまうだけです。やはりストレスは何らかの方法で解消すべきでしょう。では、日常的に発生するストレスをどう解消したらいいのでしょうか。

ストレスの解消に関しては人それぞれ、いろいろな方法が試みられていると思いますが、最良の方法は、日頃の不平不満をすべて、守護霊にぶつけてしまうことです。

「えっ、守護霊を不平不満のはけ口にするなんて、そんなことしていいの？」という声も聞こえてきそうです。しかし、守護霊は何でもお見通しなのですから、守護霊の前で格好をつける必要は何もありません。不平不満でも何でも、どんどんぶつけて相談すればいいのです。

人間関係において自分の弱みを見せることができるのは、よほど親しい相手にかぎられます。それと同様、守護霊に文句でも不満でも何でもぶつけられるということは、それだけ守護霊との距離が縮まっているということでもあります。実は、守護霊もそういう接し方を望んでいらっしゃるのです。

だからといって、守護霊に向かって「バカヤロー」などと悪態《あくたい》をついてはいけません。あくまで、礼節は守りながら、友達に愚痴《ぐち》をこぼすように、心の中のもやもやを全部、打ち明けるのです。守護霊は立派な方ですから、「わかった、わかった」と言いながら、辛抱強く聞いてくださるでしょう。

たとえ、あなたのほうに非があったとしても、よほど人を呪うようなことでも口にしないかぎり、咎《とが》めだてしたりせず、ただ黙って聞いてくれるはずです。逆にあなたのほうが正しければ、それは「願い」として聞き入れ、その言い分が通るように霊界からちゃんとセットしてくれるでしょう。

文句を言っているあなたが正しくても間違っていても、ちゃんと聞いてくださるのですから、まさにストレス発散に最適。こんな相手は、現実界にはまず存在しません。

ストレスが発散され、言い分が正しければ、それをちゃんと聞き届けてくださるのですから、まさに一石二鳥と言えるでしょう。さらに、心に余裕ができて、周りの人に愚痴をこぼさなくなれば「いい人」「できた人」という評判も立ちます。一石二鳥どころか一石三鳥も四鳥もの効果が期待できるわけです。

ただし、毎日愚痴ばかり聞かされたのでは、いかに守護霊と言えども、いい加減ゲンナリしてくるでしょう。ですから、イヤなことばかりでなく、いいことがあったらそれも逐一報告するようにしたいところです。そして、それが全部、守護霊のお蔭だと心から感謝することです。文句や愚痴がだんだん減って感謝することが増えれば、それだけあなたの運がよくなってきたということでもあります。そのころには、守護霊のパワーもどんどんアップしているに違いありません。

☆　☆　☆

基本的なことから秘伝に関わる部分まで、守護霊の活用方法をいくつか紹介してきましたが、ここで挙げた方法がすべてではありません。あくまでも付き合い方次第で互いの関係が素晴らしく発展していくように、守護霊のパワーをどう引き出すかはあなた次第なのです。自分にも個性があり、守護霊にも個性があるので、原則を踏まえたうえでそれなりに付き合い方を工夫して、よりよいパートナーシップを築いていっていただきたいと思います。ただし、対等の関係ではありませんので、くれぐれも礼節だけは忘れないように、しつこいようですが申し添えておきます。

また、〝霊界納得秘伝〟で使用したパワーコールの意味といろいろな使い方については、拙著『強運』に掲載されていますので、併せて参考にされることをお勧めします。このパワーコールには、守護霊を中心に善霊や幸運の〝気〟が大集合し、大きく守護され、さらに自分自身と守護霊が合体し、霊感が鋭く研ぎ澄まされる働きがあります。うまく活用し、存分に守護霊にお働きいただけば、どんなことでも必ず乗り越えていけるはずです。

第四章

守護霊交替と開運の絶対法則

背後霊　上級編

☆守護霊交替のメカニズム

この章では、守護霊の働きをより深く知っていただくために、私たちの一生を通して守護霊がどのように導いてくださるのか、ということを中心に説明していきたいと思います。

私たちの一生のうちで何回か守護霊が交替する、ということについては先に申し上げました。せっかく親しんで仲よくなった守護霊と別れるのは寂しい気もしますが、これも私たちの御魂《みたま》の成長には必要なことなのです。それに、守護霊が交替しても、必要なときにはいつでも応援に駆けつけてくださいますから安心してください。部署が変わっただけで同じ会社の中にいると考えればわかりやすいでしょう。

それよりも大切なのは、守護霊が交替したらできるだけ早く新しい守護霊と仲よくなること。これを心がけるようにしたいところです。前とは違う守護霊ですから最初のうちは少々勝手が違って戸惑うかもしれませんが、前の守護霊よりも確実にレベルアップしているはずです。あなたの心がけと努力次第で、より大きなパワーで守護していただけることは間違いありません。

守護霊の交替は、新しい自分に生まれ変わり、運気を上げ、才能を開花させる絶好のチャンスなのです。

では、どのようなときに守護霊が交替するのか。一般的に守護霊が交替するケースは大きく分けて三つあります。

(一) 自然交替

文字どおり、その人の成長段階に合わせて、ごく自然に守護霊が交替するケースです。本人の気づかないうちに交替しているケースがほとんどです。

人生のスケジュールの六割～七割は生まれたときに決まっています。○○歳でこうなり、○○歳でどうなるというように、人生の節目節目で何が起きるかだいたい決まっており、産土神や守護神はそのことをよくご存じです。そこで、その節々《せつせつ》に合わせて人事異動を行ない、最もふさわしい守護霊を配置することで、新しい環境に対応できるようにしているわけです。

（二）環境の激変による交替

生きていく間には、本人の意志とは関係なく、周囲の環境が激変することが多々あります。たとえば両親が離婚するとか、学校を転校するとか、海外に転居する等々、環境が一変することは長い人生、誰でも一度や二度は体験するところです。そういうとき人は、新しい環境に順応すべく真剣になります。それまで放縦に任せた人生を歩んできた人でも、それなりに姿勢を改めざるを得ません。そんなとき、守護霊がパッと交替して新しい環境に適応していけるように後押ししてくださるのです。

もうそろそろ自然交替の時期を迎えようとしているころ、突如として環境が一変するケースが多いようですが、必ずしもそうとはかぎりません。身の周りの環境が激変したときは、新しい自分に生まれ変わるチャンスであると捉えたいものです。

（三）発願による交替

自分は音楽家として生きるんだ、政治家になって国政を動かすんだ、弁護士になって困っている人たちを助けるんだ、アイドルになるんだ、学者になるんだ……。大きな志を抱き、その実現に向けて具体的な行動を起こしたとき、守護霊がパッと入れ替わることがあります。将来の方向性とビジョンを明確に定めると、その実現を後押しすべく、その分野にふさわしい守護霊に交替するわけです。

☆自然交替

さて、順番に説明していきましょう。まずは自然交替から――。

一般に守護霊が自然交替する時期は、男女とも思春期に当たる十三〜十五歳と二十五歳前後。さらに男性は四十二歳の厄年《やくどし》の前後、女性は十八〜十九歳頃と結婚前後といったところです。

人間は歳に応じて必要とされるものが変わってきます。十代の前半までは何より肉体や骨格の成長に合わせて基礎的な体力をつけなければなりません。とくに男の子の場合「ワンパクでもいい、逞《たくま》しく育って欲しい」と多くの親は願うものです。試練の多い今後の人生を生き抜いていくには、基礎体力が不可欠です。そのためには、何よりも肉体を鍛練しておかなければなりません。その意味でこの時期に、武芸に秀でた武士の霊の守護霊に導かれるのが一番望ましいところです。実際、本人が闊達《かったつ》で元気であればあるほど、武芸の達者な守護霊がつくケースが多いようです。

次に、思春期を過ぎ二十代前半ぐらいまでは、人生のなかで最も学問を身につけやすい時期と言えます。意識が自己の内側から、社会や国家、あるいは世界へと広がり出し、自分の才能や可能性についても考えはじめる時期であり、社会のシステムとしても、受験という関門をくぐり抜け、将来の方向性を定めなければならない時期でもあります。いつまでも泥だらけで元気なだけでは、子どもの将来に不安を感じるのが親というものであり、「遊んでばかりいないで、しっかり勉強しなさい」と口うるさくなってくるのも当然です。

この時期には、学者などの守護霊が指導に当たるのが好ましいでしょう。向学心に燃える人には歴史に名が残る大学者の霊がつくこともありますが、勉強は苦手でスポーツが得意という人には、武芸の達人の霊が続けて面倒を見ることもあるようです。

二十代半ばを過ぎると、これまで培《つちか》った学問や人間性を基礎に、いよいよ社会の中で本格的に活躍していく時期に入ります。それに応じる形で守護霊も自然交替することが多いのですが、たとえば実業界に漕ぎ出す場合には商才の長《た》けた守護霊、多くの従業員を抱える企業家になった場合は、戦略に長けた軍人が守護霊になることもあるでしょう。また、晩年に至り、今までの人生をじっくり振り返り、有終《ゆうしゅう》の美を飾ろうと励めば、思想家、宗教家の霊が守護霊となるといった具合です。

あくまで一例ですが、守護霊がどのように交替するかというイメージはつかんでいただけたことと思います。要するに成長段階に合わせて、その時期に本人が取り組むことやその状態にふさわしい守護霊が指導に当たってくださるのです。ただ一般的には、生まれたときに人生のスケジュールがある程度、決まっています。それに応じて守護霊も、あらかじめ適当な人材を選抜しておいて、スムーズに人事異動が行なわれることになります。

☆環境の激変による交替

次に環境が激変することで守護霊が交替するケース——。

環境が激変すると、人はふつう、新しい環境に対応するために必死になって頑張るものです。あるいは、好むと好まざるとにかかわらず、自分自身を変えなければならない環境に追い込まれることもあるでしょう。

たとえば、今まで裕福な家庭で何不自由なく暮らしていたのが、父親の経営する会社が倒産して債権者から逃げ回らなければならなくなったりしたら、途端に生活環境は一変します。お母さんが働きに出た。自分も妹や弟の面倒を見るためにアルバイトをして少しでも家計を助けよう。将来、家族を支えていくために勉強も頑張ろう、そう決意して必死に頑張っている姿を神様が見て、「よく頑張っているな。よし、大いに加勢しよう。今の守護霊では手一杯だから、もっと強力な守護霊をつけてあげよう」ということで、守護霊が交替されるわけです。

守護霊が替われば性格が変わります。顔立ちも変わります。それまでは引っ込み思案で、あまり前に出ようとしなかった人が、急に積極的になって人の世話を焼きだして、突如として生徒会長に立候補するというケースもあるでしょう。あるいは、それまで一番後ろの席で鼻クソをほじっていたような子が、友達を押し退けてでも前の席に座り、積極的に「ハイッ」と手をあげるようになることもあるでしょう。顔つきも急に精悍《せいかん》になり、眼光が輝きを増したりします。

守護霊が交替すると、周囲の人も「何かが変わったな」と感じることが多いものです。まれに、背が急に伸びたり、逞《たくま》しくなったり、体型が変わる場合もあります。

総じて言えるのは、環境が激変することで、本人の意識が変わり、守護霊も交替して、人生がよりグレードアップしていくことが多い、ということです。つまり、環境の変化は人生を大きく切り拓いていくチャンスのときなのです。しかし、人によっては周囲の変化に無頓着《むとんちゃく》で、ひたすらマイペースを貫くタイプもいるでしょう。そういう場合は環境が変わっても守護霊が交替しないケースもあります。

ただし、守護霊の交替がない人はダメかというと、そうではありません。なかには生まれたときの守護霊が最後まで守り抜くケースもあります。こういうタイプの人は、生まれたときからかなり大きな守護霊がついているので交替する必要がないのです。芸術家など、大きな天命を持って一貫したテーマで育っていく場合は、守護霊は死ぬまで替わらないというケースが多々あります。

☆発願による交替

三番目は発願によって守護霊が交替するケース――。

志を立て、その実現に向けて具体的な行動を起こすと、守護霊が交替することがあります。例を挙げながら具体的に説明しましょう。

たとえば、Aさんという女性に禅宗《ぜんしゅう》の僧侶の守護霊がついていたとします。ところがある日突然、Aさんは思い立って、「ピアニストになるんだ！」と発願しました。それまでは町のピアノ教室で基礎的なレッスンを受けていたのですが、いよいよ将来に向けて決意を新たにしたのです。

その様子を見ていた守護神は、禅僧の守護霊に指示を出します。

「守護霊さん、彼女は将来ピアニストになると言っていますから、ピアノを弾くうえで必要なヒラメキや発想とか、いい先生との出会いなどを導いてあげてください」

さて、守護神から指示を出された守護霊。修行を積んだ禅僧とは言え、ピアノというのはずいぶんと畑違いです。これまで練習のときには、先祖の中の雅楽師《ががくし》の霊が前面に出て指導していましたが、同じ音楽とは言っても、雅楽とピアノではジャンルがまるで違います。将来プロとしてやっていく技術を身につけるためには、やはり雅楽師では力不足です。そこで禅僧の守護霊さん、先祖の中にもっと適任者がいないか探してみることにしたのですが、どこをどう探しても適任者が見当たりません。

「守護神様。私どもの家系はどうもその方面にうといようで、適当な人材が見当たりません。彼女の夢を叶えてあげるために何とかしていただけないでしょうか」

これを受けて守護神は、Aさんの前世を検索してみることにしました。すると、たまたまAさんの前世で縁のあった西洋の宮廷音楽家がいました。教養もあり人格的にも問題はなさそうです。そこで守護神は辞令を出して、その西洋人の音楽家を守護霊に抜擢。禅僧の守護霊は快く引き継ぎをし、また背後霊の一員として、別の面からの守護を担当することになりました。

守護霊の交替はこのようなケースもあるということです。

☆「石の上にも三年」の意味

以上、三つのケースに分けて説明してきましたが、守護霊が交替するのは要するに、環境が大きく変化したときなのです。一番目はごく自然に環境が変化したとき。二番目は突発的な事情で環境が激変したとき。三番目のケースは、本人が自ら進んで新しい環境に飛び込んでいったり、環境を切り拓いていったりするケースである、ということができるでしょう。

ただし、発願をして新しい環境に飛び込んだからといって、ただそれだけですぐさま守護霊が交替するわけではありません。ある程度、発願の実現に向けて努力を続けることで、その志が本物であることを証明する必要があるのです。

では、どのくらい努力をすれば守護霊が交替するのかと言えば、志す道や本人の努力の程度にもよりますが、最低三年間はその努力を継続する必要があるでしょう。一年や二年で諦めてしまうような決意では、とても志とは言えません。「石の上にも三年」という格言がありますが、この「三年」にはちゃんと意味があるのです。したがって発願をしたら、石にかじり付いてでも三年間は頑張り抜くこと。これを忘れないようにしたいものです。

もちろん、その間には何度も壁に突き当たるでしょう。そういう場合どうすればいいかについては、すでに述べてきたとおりです。自力の努力を続けながら、どんなことでも守護霊に相談し、どんどん力をお借りすればいいのです。そうすれば、たいていの困難は乗り越えられるでしょう。

こうして努力を続けていると、ある時期から一皮剥《む》けたように、ワンランク実力のアップした自分をはっきりと自覚するでしょう。守護霊が交替して、よりその専門分野に秀でた強力な守護霊がついてくださるからにほかなりません。換言すれば、あなたの努力が天に認められたのです。

しかし、そこで安心してはいけません。ちょっと頑張っただけで、一生をかけた大きな志が達成できるわけなどないのです。その都度、目標を立て直し、激変する環境のなかで「頑張るぞ！」「負けるものか！」と努力を重ねていくことです。そうすればどんどんランクもアップしていき、その段階に応じて次々と守護霊が交替していきます。一生の間で七回も八回も交替してグレードアップしていくケースもありますから、それくらいの心意気で頑張りつづけることが大切です。

☆秘儀による交替はあくまで特例

守護霊はこのように、一生の間に何回か交替します。しかし、忘れてならないのは、いま現在守ってくださっている守護霊に目一杯お働きいただくこと、これが原則です。どうしても達成したい志があって、精一杯の努力をしても乗り越えられない壁に突き当たったたような場合でも、守護霊に助勢をお願いしながらとにかくくじけずに、必死で頑張りつづけることです。自分という存在を忘れるぐらいに、目的完遂のために全身全霊を打ち込むのです。これを三カ月間続けると、自己の内部と背後霊の構成が変化してきます。そのときに守護霊交替がなされる可能性が高いのです。よしんば交替しなくても、本人の頑張りを支えようと最低限、背後霊の数が増員されることは間違いありません。

ところで、実は守護霊の交替にはもう一つ特別なケースがあります。〝守護霊交替秘儀〟という秘儀がそれで、この秘儀を受けることで〝早め〟に守護霊を交替していただくことができるのです。

この秘儀で、これまで何万人という方の守護霊に少し早めに交替していただきました。もちろん、私が自力で守護霊を差し替えるわけではありません。守護霊交替の専門の神様がなされるわけで、私は、あくまでもお取り次ぎをさせていただくだけ。すべては神様のなさることであることを明言しておきたいと思います。

さて、すでにお気づきのことと思いますが、これは少し不自然な道ではあります。原則としては、環境に応じて本人が変わることにより、守護霊が自然に交替し、霊的影響力に変化をきたすというのが本来の姿です。実はこの〝守護霊交替秘儀〟は、私の苦肉の策として生まれたものなのです。すなわち、どうしても本人の怠惰な性格、および生活態度が改まらない場合、「逆もまた真なり」で、守護霊のほうから先に替えることで、どうしようもない本人を改めることができるのではないか……という想いから神様にお願いして、許された特例なのです。

この秘儀を受けると通常の交替よりも激しい変化が起こります。本人を取り巻く環境がガラリと変わってしまうことが少なくありません。突然、辞令が出て超ハードスケジュールな部署に配属されたり、周囲の人間関係が変化をきたしたり、あるいは両親が急に口うるさく細かなところまでチェックするようになったり、先生が文句を言うようになったり、友達まで細々《こまごま》と忠告してくれるようになるケースが多々あります。新しい守護霊に値する人間になって欲しいために、それだけ守護霊の要求レベルも高くなり、指導のあり方も必然的に以前より厳しくなるのです。

☆守護霊交替で何が変わるのか

秘儀による守護霊交替にしろ、自らの発願による守護霊交替にしろ、守護霊が交替すると一般に環境が厳しくなります。それまでチヤホヤしてくれていた周囲の人が急に冷たくなったり、どんなに努力してもまったく評価してくれなくなったりと、あまりの急激な変化に戸惑ったり、不平不満を心に抱いたりすることが少なくありません。こんなに頑張って仕事をやっているのに、なぜ評価してくれないのだ。なぜ、そんなに冷たい態度を取るのだ……。

誰だって、厳しい環境よりも優しい環境のほうが好きに決まっています。しかし、せっかく強力な守護霊に交替していただいたのに、不平不満を口にするようではいけません。それよりも、いち早く気持ちの切り替えをすることです。

周囲の環境が厳しくなったときには、「これはきっと守護霊様が交替されたのだ」あるいは「交替される前兆なんだ」と受け止め、進んでその環境を受け入れていきたいものです。「厳しい環境を乗り越えていけるような素晴らしい自分になるんだ！」と腹を括《くく》ることです。そして最低でも三年間はその頑張りをつづけることが大切です。

三年も頑張りつづけるのは大変だ、そんなの自分にはできっこない、と思う人もいるかもしれません。しかし、守護霊が交替してしばらく頑張りつづけると、以前は辛いと思っていたことが少しも苦ではなくなってくるものです。全身に活力がみなぎり、勇気とパワーが湧いてきて、いままで悩んでいた自分がウソのように、何でもできるような気分になってくるから不思議です。

こうなると自分のなかに新しいベースが構築され、頑張っている状態が当たり前となってきます。つまり、忍耐力が格段にアップして、ごく自然に自分の能力や才能が発揮できるようになるのです。と同時に、ものの見方や視野も広がってきます。いままでこだわっていたことがバカバカしいぐらい小さなことに思えてきますし、より高い目標、より大きな志のために生きる決意が生まれてくるのです。

ただし、そうなるためには最初の数か月を必死で頑張り通さなければなりません。仕事が急に忙しくなって、いままでの十倍の量になったら、十倍の仕事をやりこなせるだけの能力を身につけることです。ただ、能力を十倍に高めると言っても一日は二十四時間、それまでどおりの仕事のやり方をしていたら、不眠不休で頑張ったところで十倍の仕事量をこなせるわけがありません。

では、どうしたらいいのか。十倍、頭を使うのです。脳がパンクするくらいに頭をギリギリまで使うのです。もちろん、その場合も守護霊に問いかけることを忘れてはなりませんが、そうやって考えつづけていくと必ず妙智《みょうち》、妙案《みょうあん》が生まれてきます。思いもよらぬ妙案に自分自身、ビックリすることもあります。「ああ、これはこういうふうにやったらスピードが三倍アップするな」「ああ、この仕事はあの人に頼んだらうまくいくな」という妙案が浮かんでくると同時に、それに見合った新しい人やモノとの出合いがあります。無論、新しい守護霊が全力でバックアップしてくれているからにほかなりませんが、そうやって頭をギリギリまで使っていけば妙智、妙案に恵まれて、結果的に能力が何倍にも高まるわけです。

ただし、頭を使うと言っても、机の前で「ああでもない、こうでもない」と考えつづけるのは感心できません。前にも述べたように、本物のヒラメキ、インスピレーションとは全身全霊で仕事や家事に取り組んでいるとき、すなわち無我夢中で手足を動かしているとき、われ知らぬうちに自然と天から降りてくるものなのです。そして、仕事や家事が終わったあと、そのとき受けたヒラメキをヒントにしながら、情報収集などにあらんかぎりの頭脳を使って実現に向けた努力をしていく、というのが正しいあり方なのです。つまり、妙智、妙案というものは自分のなかから絞り出すものではなく、あくまで天から受けるものである、ということを肝に銘じておきたいものです。

ともあれ、そういう努力をつづけていけば、必ずや自分自身のキャパシティーが何倍にも膨れ上がり、いつしか昔の自分とはまったく違う自分になっていることに気づかれることでしょう。

☆守護霊がレベルダウンすることもある

守護霊交替について、もう一つ付け加えておきたいことがあります。それは、必ずしも交替する守護霊がレベルアップするとはかぎらない、ということです。たいていの場合、交替するごとに守護霊のレベルも上がりますが、まれに、前よりも力の弱い守護霊に替わることもあるのです。

それがどういう場合か、賢明な読者の皆さんはもう想像がついていると思います。そうです、せっかく高いレベルの守護霊についていただいても、自分がそれに見合うレベルになっていなかったり、あるいは、そうなるための精進努力をしなければ、守護霊に見かぎられてしまうこともあるのです。

せっかく応援しようと思って準備万端整えているのに、本人が何の目標も持たず、ただ毎日をダラダラと過ごしていては、守護霊は守護したくてもできないのは、当然と言えば当然です。

「こんなんじゃ、別にワシが面倒を見てやっても意味がないな」

ということで、他にもっと精進努力している人の守護に行ってしまわれるわけです。そうやって専属の守護霊をやめて、また以前の、他の人と掛け持ちの状態に戻ってしまうこともあれば、後輩の背後霊に道を譲って、手を引いてしまうこともあります。

「じゃあ、あとはキミに任せるからね」

と、少しでも下の者にチャンスを与えようというわけです。

さて、新任の守護霊はどうかというと、力はワンランク下だし、経験も少ない。それでも、せっかく与えられたチャンスを生かそうと、いろいろ頑張るでしょう。直接、手を貸すことはできないにしても、何とか目を覚まして欲しいと思って必死にメッセージを送るはずです。しかし、本人がボケーッとしていてウンともカンとも響かない。それどころか、

「何か最近ツイてないな。こんなときは何もしないにかぎる」

とばかりに、楽なほう楽なほうへと流れてしまう。本人が何もしなければ、ファイトに燃える新任の守護霊としても能力を発揮する場所がありません。

いままで何度も申し上げているとおり、守護霊とは人を守護する霊であり、魂の教育係

であります。しかも、人が自発的に目標に向かって精進努力しないかぎり、勝手に守護してはいけないという霊界法則もあります。それに何より、必要以上に守護することは結局、本人を甘やかすことになりますし、そうした場合、神様から厳しくお咎めを受けることになります。そういう、守護したくても守護できない守護霊はきっと、もどかしさを感じていることでしょう。それでも危機一髪のときには救ってくださるでしょうが、本人が怠惰な生活を送っていると、その程度の守護しかいただけないのです。守護霊は本人にふさわしい霊がつく、という原則を忘れないようにしたいものです。

☆一直線に進むばかりが人生じゃない

繰り返しになりますが、結局は本人次第なのです。発願をして、目標に向かって一心不乱の努力を重ねていけば、守護霊とその背後霊団はどんどんパワーアップして、より素晴らしい人生になるよう支えてくれるのです。そして、時期が来れば、その方面で力のある守護霊に交替して、より一層、目標実現に近づいていくわけです。

では、途中で目標を変えたらどうなるのでしょうか。

人は誰でも、社会人としてのスタートを切ったときから天職に就けるとはかぎりません。あるいは、「やりたい仕事」「好きな仕事」に就いたはずでも、やってみたら思い描いていたのとはずいぶん違っていた、という場合もあるでしょう。

こんなにお金にならないとは思わなかった、こんなに自分に合わないとは思わなかった、人間関係でどうもしっくり行かない……。自分の一生をかけるにふさわしい道にたどり着くまでには、いろいろ悩むことが多いものです。

しかし「こんなはずじゃなかった」と、イヤイヤ仕事をしていたのでは守護霊の応援は得られません。そんなときどうすればいいかというと、とりあえず目の前にある課題を克服できるように発願して、あらんかぎりの努力を続けることです。そうすれば、必ず道は開かれます。

実はその紆余曲折《うよきょくせつ》のプロセスすべてが、成長の糧《かて》になるのです。そのときはわからなくても、何年かして振り返ったときに、「あのときあれをしていて本当によかった」と気づくことが多いのが人生というものです。私たちは目先のことにとらわれがちですが、「人間万事《にんげんばんじ》、塞翁《さいおう》が馬《うま》」「禍福《かふく》は糾《あざな》える縄《なわ》の如《ごと》し」と格言にもあるとおり、人生、何が幸いし何が災いするかわかりません。それを高い見地から最もよい方向に導いてくださるのが、ほかならぬ守護霊なのです。

したがって、たとえ回り道であっても、その経験が将来の糧になると守護霊が判断した場合、あえて最短距離を示さずに黙って見守っていることもあるわけです。そのことを十分に知っておいていただきたいと思います。

☆守護霊が結婚を邪魔していた！

いままで見てきたことは、仕事ばかりでなく人生全般についても言えることで、結婚にしても例外ではありません。

以前、私のところに結婚問題で相談に見えた女性がいました。彼女は、毎月何人かの男性と見合いを繰り返していたのですが、なかなか「これは！」という男性と巡り合えないのだと言います。見合いの回数が四十回を超えて、本人もホトホト疲れてしまい、「私に合う男性はもういないのかもしれない」と半ば諦めかけていました。

話を聞いてみると、別に贅沢《ぜいたく》でより好みをしているわけではないのに、何となく気が乗らず、どうしても首をタテに振る決心がつかないとのこと。お見合い相手の欠点や嫌な面がすぐに目についてしまうのだと言います。

そこで私が、直接守護霊にお伺いを立ててみたところ、「本人の努力は認めるが、まだその時期ではない」とのメッセージ。つまり、守護霊が彼女の心に働きかけて、わざと相手の嫌な面を見せていたわけで、言うなれば守護霊自ら、結婚を邪魔していたというのです。もちろんそれは、彼女の真の幸せを願ってのこと。守護霊が「まだその時ではない」と判断している以上、いくら頑張っても結婚できないでしょう。そんなときは焦らずに、守護霊の存在に感謝して毎日を明るく過ごすことです。そうすれば、必ず「結婚解禁日」がやってくるはずです。

さて、この話には後日談があります。それから数カ月後、再びその女性から連絡があって、めでたくピッタリの男性と巡り合い、結婚の約束をしたと言うのです。なぜ、いままで何回見合いを繰り返してもダメだった彼女の前に、突然、理想の男性が現れたのでしょうか。それはほかでもありません。その女性の守護霊が連れてきたのです。

「まだ時期ではない」と言っていた守護霊ではありますが、彼女があまりに熱心に頼むし、四十回もくじけずに努力を重ねてきたので、守護霊が神様にとりなし、時期を早めたのでしょう。

このように、守護霊はどんなときでもあなたの味方であり、努力を重ねれば必ず正しい方向に導いてくださいます。ただし、いつも自分が望んだ結果につながるとはかぎりません。「まだ時期ではない」ということは、いま現在、他にもっとやるべき大事なテーマがあるということでもあります。それが何なのか、よく守護霊と相談してみるとよいでしょう。

☆赤い糸を結ぶのは誰？

結婚については悩んでいる方が多いと思いますので、もう少し詳しく説明することにしましょう。

さて、よく〝縁〟ということが言われますが、縁のある人が一人であるとはかぎりません。というより、縁はいくつもあるのです。今世、あなたの身の周りにいる人は、何らかの形で前世において関わりがあった人である場合が多いもの。たとえば、前世でお姉さんだった人が今世ではお母さんになっていたり、結婚した相手が前世では妹だったりします。もちろん、前世夫婦だった人が、今世もまた夫婦になる場合もありますが、ご主人だった人が奥さんになり、奥さんがご主人になる、というように入れ替わっているケースもあります。あるいは、前世、家来だったり上司だったり仲がよかった友達とか、シノギを削っていたライバルとかが、あなたの周りには、いろいろ縁のある人として存在しているのです。

初対面のはずなのに、なぜか会った瞬間、妙に懐かしく感じる人がいますが、そういう人は前世で何らかの縁のあった人と考えていいでしょう。あるいは守護霊同士が親戚だったり、知り合いだったりする場合もあります。

いずれにしろ、縁にはいろいろあり、結婚の赤い糸というのも一本ではありません。一番縁の濃い真っ赤なものから、エンジっぽい赤、紫がかっている赤、ショッキングピンクに近い赤など、グラデーション状態にいろいろな色の糸が縁のある人とつながっているのです。

昔は地域や家柄でだいたい結婚する相手が決まっていましたから、そう何本も赤い糸はなかったようです。しかし、最近は恋愛や結婚の自由化が進んで、赤い糸もどんどん増えてきています。問題は最終的にどの糸と結ばれるかということですが、結局は自分のレベル相応の相手と結ばれるというのが実情です。このレベルというのは、家柄とか財産のあるなしというよりも、自己の内面的なこと。人間は日々の努力によって命運《めいうん》が開かれ高められていきます。また、神霊的にも成長するので、いい人との縁が結ばれます。しかし、必要以上にそのことにこだわっていると婚期が遅れてしまいます。結婚にかぎらず何にでもやはり、天の時というのがあり、これを逃さないことも大切です。

では、天の時にどういう相手と結ばれるのか。一言で言ってこれは、互いの産土神同士の取り決めによって用意されます。そして、その決定に基づき実際に縁を取り持つのが守護霊なのです。いつ頃、どんな形で出会うかなどは、守護霊の現場判断に任されることが多いようです。つまり、恋のキューピッドとは守護霊のことなのです。

☆恋のキューピッド活用法

ここで、あなたに幸せを運んでくれる〝恋のキューピッド活用法〟を具体的に説明しましょう。

たとえば、心密かに想いを寄せる相手がいるものの、なかなか告白する勇気がない、それどころか、恥ずかしくて話もできないという純情な人がいるとしましょう。そういう人は想像するに、とにもかくにも好きな相手と二人きりで話せるチャンスを望んでいるのではないでしょうか。そういう場合には何よりもまず、その仲立ちを守護霊にお願いすることです。

最初に、守護霊と密接なコンタクトを持つパワーコールを三十六回唱えます。そして、自分の好きな相手がニコニコしている顔を思い浮かべながら、守護霊団合体パワーアップマーク（拙著『強運』を参照）に向かって、ありったけの自分の気持ちを告白するのです。面と向かって本人に話せなくても、自分の守護霊になら何でも言えるでしょう。

「自分は○○さんのことが大好きです。でも、○○さんは自分のことをどう思っているのかわかりません。ぜひ○○さんと親しくなれるように導いてください。それがきっと○○さんにとってプラスになるように、自分も努力します。何とぞよろしくお願いします。できれば、今週中にチャンスをつくっていただけませんでしょうか」

こうしたお願いをする場合、期限を区切るのがポイントです。その期限内に叶えられなければ、さらに期限を切ってお願いします。

このように、自分の守護神や守護霊にお願いする一方で、相手の守護神や守護霊にも、よくお願いすることも大切です。

まず、前述したパワーコールを三十六回唱えたあと、
「○○さんの守護神様、守護霊様もよろしくお願いします」
という言葉を十回唱えます。このパワーコールは守護霊を合体させる働きがありますので、相手の守護霊にも影響を与えることができるのです。

正しい願いならば、チャンスが生まれる確率はかなり高くなります。相手が自分のことを好きでも嫌いでもなかったら、ほぼ一〇〇％の確率で守護霊がチャンスを与えてくれるでしょう。

ただし、念のために言っておきますが、「ちょっと遊んでやろう」とか「これで本当に守護霊が動いてくれるかどうか試してみよう」などという邪《よこしま》な考えは絶対にいけません。あくまでも、相手と自分の幸せを真剣に願ってやるのが大原則です。エゴイズムの願いは神霊界が最も嫌うものですから、願いが叶うどころか天罰が下ることもあることをお忘れなく。

なお、この方法は異性間だけでなく、同性同士の間でも活用できます。「自分はちょっと友達が少ないな」と思っている人は、この方法を活用してどんどん友達の輪を広げたらよいでしょう。豊かな人間関係があなたを幸せに導いてくれるはずです。

そのほか、善なる想いでさまざまな願いを守護霊にかけて、読者の皆さんが素晴らしい人生を送ってくださることを願ってやみません。

☆目標が定まらないときはどうすればいいか

さて、幸せな結婚も大切ですが、人生、結婚だけがすべてではありません。読者の皆さんのなかには、自分の進むべき道がなかなか定まらずに悩んでいる方も多いことと思います。回り道がときには人生の糧になるとは言うものの、できれば最短距離でゴールに向かって行きたいというのが偽らざるところでしょう。自分の目指すべきゴールがハッキリしていなければ、走り出すこともできないのですから、この問題、結婚よりもはるかに重要な内容を含んでいると言っても過言ではありません。

では、先ほどのAさんはなぜ、「ピアニストになりたい」と思ったのでしょうか。また、人によって「宇宙飛行士になりたい」「漫画家になりたい」「サッカー選手になりたい」「政治家になって国の役に立ちたい」等々、望むところが違うのはなぜなのでしょうか。

第二章で守護霊への祈願方法を説明する際、目標が定まらない場合は〝何となく〟好きなもののなかから〝とりあえず〟の目標を設定してみよう、ということを述べましたが、この〝何となく〟好きという、理屈や理論では割りきれないあなたの気持ちが、実はあなたの前世からの記憶なのです。

そう言ってもピンと来ないかもしれませんが、将来どういう道に進むか絞り込めなくても、自分がどういう仕事や職業に向いているか、だいたいの方向性は感じているはずです。たとえば大学受験の場合、文科系に向いているか理科系に向いているかは、だいたい自分でもわかるでしょう。理科系向きの人には、何時間もかけて複雑な方程式を解くのが楽しくてたまらないという人が多いのに対して、文科系の人はこういう作業が苦手であるのがふつうです。無理やりにやらせると頭痛を訴えることもあります。これが天性というもの。つまり、心に内在している魂の記憶であり、性向なのです。

それは、前世にどんな職業に従事し、どれだけ学問を深めたかによって決まります。これまでさまざまな著書を通じて述べてきたとおり、死して霊界に持っていくことができ、次に生まれ変わったときに才能となって現れるのが、学問と芸術と信仰心の三つなのです。それゆえ、前世でこの三つをどれだけ究めたかによって、今世生まれ出てきたときのそれぞれの素養が決まるわけです。

いまはまだはっきりとは定まらなくても、前世に打ち込み培った才能があなたには備わっています。ですから、あるときふとした何かのきっかけで、「自分がやりたかったのはこれなんだ！」と感性のレベルで気づくはずなのです。

このきっかけを守護霊が与えてくれることも少なくありません。前世で培ったあなたの才能を開花させることが、守護霊の重要な任務の一つでもあるからです。

受験生のなかには、「自分が何に向いているのかわからない」「何を目標にコースを選べばいいかわからない」と迷っている人も多いのではないでしょうか。そういう場合は、あまり努力しなくてもよい成績が取れる科目に集中して努力し、一点でも二点でも多く取れるように努力するといいでしょう。すると自ずから、自分の進むべき道が見えてくるはずです。

と同時に、とりあえずの目標を設定して、守護霊に祈りながら一生懸命頑張ることも大切です。そうすれば、その目標が本来進むべき道であるかどうか、もしくはどうあれば自分に最も合致した道に進むことができるか、自然にわかってきます。

守護霊の存在を強く信じて、その働きに深く感謝し、〝とりあえず〟決めた目標に向かって邁進《まいしん》すること。これがいまのあなたに〝とりあえず〟できることと心に定めて、日々を全力で生きることです。

☆努力すれば守護霊は指導霊《しどうれい》になる

いずれにせよ、結婚でも仕事でも、あっちにするかこっちにするか迷ったままで、一向に行動しないのが一番よくありません。何はともあれ、第一歩を踏み出して行動に移さなければ、守護霊といえども力の貸しようがないのです。

人間は神様から自由意志を与えられています。進むべき道を最終的に決めるのは本人なのです。何でも簡単に答えを与えてしまっては、自分で考えることをまったくしなくなって、怠惰な人間になってしまうでしょう。ですから、右に進むべきか左に進むべきか迷っているときは、とりあえずどちらかに決めて、当面の目標に向かって努力すること。そうすれば、その選択が間違っていれば間違っているなりに、正しければ正しいなりに守護霊からのメッセージがあるはずです。

誤解を恐れずに申し上げれば、方向性が定まらないというのは、深く真剣に求めていないからです。絵でも音楽でも、前世でそれなりに究めてきた人は、小さい時分から美しい絵を見たり美しい音楽を聴いたりすると、「ああ！」と掛け値なしに感動できます。心の奥底からピーンと来るものがあるわけです。前世で才能を一生懸命に磨いてきたからこそ魂からの感動を覚えるわけですが、そういう人は今世、何をしたいかある程度、ハッキリしているはずです。しかも、最初からその専門分野におけるレベルの高い守護霊がついて導いていきますから、驚異的な才能を発揮する天才ピアニストになったりするわけです。そういう人はまた、その才能を育《はぐく》み発揮できるような家庭環境に生まれてくるのがふつうで、その意味で、まさに神様の尊い取り計らいの下に生まれてくる御魂と言えるでしょう。

これに対して、前世で深く打ち込んできたものがない人は、美しい絵を見ても美しい音楽を聴いても、あるいはスポーツをやっても、あまりピンとくるものがありません。そういう人は前世の努力不足を嘆くかもしれませんが、嘆き悲しんだところで始まりません。今からでもかまいませんから、〝とりあえず〟の目標を設定し、基礎的技術の習得に励むことです。そうすれば、いつか必ず「ふとした思い」にとらわれるときがやってきます。その「ふとした思い」は前世の記憶かもしれないし、守護霊からのメッセージかもしれません。いずれにせよ、「ふとした思い」を足掛かりに自分の進むべき道がはっきりしてくるでしょう。

最初に選んだ道は見当違いの道かもしれません。しかし、それでもいいのです。先ほども申し上げたように、その紆余曲折のプロセスを経て、失敗の中から多くを悟り、本物になるための精神的なベースが鍛え上げられていくのです。そのほうがよほど大切で、それまでの努力が無駄になるということは決してありません。

そして、どんなことに対しても精一杯の努力を続けていけば、やがて進むべき道が明らかになり、さらにその道を邁進していけば、ある時期から今度は守護霊が積極的に進むべき道を教えてくれるようになります。前に述べた〝最高ラインお導き守護霊〟とはこのような守護霊のことを言いますが、正確にはこれを〝指導霊《しどうれい》〟と呼びます。

指導霊については「職業や専門分野でリードしてくれる霊」と定義する人もいるようです。しかし、そういう霊は決して指導霊ではありません。私たちが志を立て、勇猛果敢に積極的に道を拓くべく進むとき、先頭に立って「こっちだよ」「この方向に行ったほうがいいよ」「こうしたほうがもっと素晴らしくなるよ」と常に最高ラインに導いてくれる存在が指導霊なのです。

指導霊とはすなわち、その人の意志や意欲に感応して、大いなる力を発揮する〝進化した守護霊〟と言うことができるでしょう。現場責任者がその実力と功績を認められて、大幅に権限を委譲されてゼネラルマネージャーになる、というように考えればわかりやすいかもしれません。この場合には指導霊の下に守護霊がつき、その人事についてもある程度、指導霊が握ることになります。指導霊になると、先に立って進むべき道を示してくれることが大きな特徴です。

これまでの話を整理すると次のようになります。

① あなたは前世の魂を受け継いでいる。
② この魂の持つ素質があなたの中に受け継がれている。
③ その素質がいかなるものかあなたは知らないが、あるとき、ふとした思いにとらわれる。
④ ふとした思いからあなたの関心が向いたところに素質がある。
⑤ 関心が向いたあなたはその関心を満たすための努力をする。
⑥ 守護霊がその努力する姿を見てバックアップする。
⑦ あなたの努力が評価され、目標とするところが守護霊の力を上回れば、守護霊が交替

して、その分野で力を持つ守護霊があなたを指導してくれる。これは何回も繰り返される。

⑧さらに努力を続けると守護霊は指導霊となり先頭に立って導いてくれる。

おわかりいただけたでしょうか。私たちは、自分一人だけの力で運を切り拓かなくてもいいのです。守護霊の存在を確信し、祈り、自分にできる最大限の努力をすれば、守護霊は指導霊となってあなたを導き、成功への道を歩ませてくれるのです。

第五章

悪因縁を乗り越える

背後霊　最上級編

☆守護霊と悪霊《あくりょう》は陰陽《いんよう》の関係

ここまで本書をお読みいただき、自分の運勢を切り拓いていくにはどうすればいいか、だいたいのところはご理解いただけたと思います。あとは実践あるのみ、と言いたいところですが、実はまだ大事なポイントが幾つか残っています。

本書の最初に、霊にはプラスとマイナス両方の存在があり、私たちは誰でもプラスの霊的存在である守護霊・背後霊に守られていると述べました。それは間違いないところですが、私たちは守護霊・背後霊に守られていると同時に、マイナスの霊的存在である邪霊《じゃれい》、悪霊《あくりょう》にも強い影響を受けているのです。ありていに言えば、誰にも悪霊がついているわけで、それが悪運へと私たちを引っ張ろうとしているわけです。

その悪霊の数も一体や二体ではありません。ふつうの人で三十～五十体、多い場合になると百体以上、あるいは何千体もついている人もいます。

非常に大まかな言い方をすれば、その人についている守護霊・背後霊と悪霊とどちらの数が多いかによって運不運が決まる、と言っても決して過言ではありません。もちろん、そう単純に割りきれるものではありませんが、善霊と悪霊、両者の闘いの舞台となっているのがほかならぬ、あなた自身の霊界なのです。

霊界とは想いの世界であり、その存在を意識すればするほど、そのパワーと影響は大きくなる、というのが霊界法則です。無論、悪霊も霊界の存在ですから、悪霊に意識を向ければ向けるほど悪霊のパワーが強大になり、受ける影響もまた大きくなります。日々を落ち込んだ暗い気持ちで送り、「ウチは因縁《いんねん》が深いから」などというマイナスの想念で生きていると悪霊パワーが一段と大きくなってくるわけです。

したがって、悪霊のことは一切考えずに、守護霊・背後霊に守られていることを強く信じ、祈り、行動すること。これが運を切り拓き、実り多き人生を送るための大原則となります。常に明るく前向きに日々を送り、大きな志を立てて、自分を磨きつづければ、守護霊パワーがどんどん強くなるわけですから、悪霊のことは考えない、意識を向けないほうがベターということになります。さりとて、悪霊とは何なのか、悪霊の手口はどういうものなのか、ということに最低限の知識を持っていなければ、相手の思うつぼにはまり込むことにもなりかねません。何と言っても、善霊と悪霊の闘いの場は私たち自身の霊界なのですから、「われ関せず」という態度を貫くわけにもいかないのです。

そこで以下、悪霊に関するごくごく基礎的なことをお話いたします。さらに詳しいことを知りたい方は、拙著『神界《しんかい》からの神通力《じんつうりき》』（ＴＴＪ・たちばな出版刊）などをお読みください。

☆よい先祖・悪い先祖・思い違いをしている先祖

それにしても、なぜ私たちには頼もしい守護霊だけでなく、迷惑な悪霊もついているのでしょうか。そもそも人の体に霊がつくことは、守護霊のように特別な認可をいただいた場合を除いては厳しく禁じられているはずです。にもかかわらず、なぜ悪霊が人間の体につくのか、不思議に思う向きもあるでしょうが、社会のルールや規則を破る者がいるように、霊界法則を破る霊もいるのです。それが悪霊という存在なのです。

悪霊には実はいろいろな種類があります。詳しくは拙著『大除霊《だいじょれい》』（ＴＴＪ・たちばな出版刊）等を参照していただくとして、ここでは私たちの運命に大きな影響を与える先祖霊と怨念霊《おんねんれい》のことについて話を進めていきます。

まずは、先祖霊から――。

何度も述べてきたように、守護霊には先祖の霊がなるケースがほとんどです。霊格《れいかく》の高いご先祖様が魂の教育係として私たちを守護してくださっているわけですが、残念なことに、先祖霊のすべてがすべて霊格の高い先祖ばかりとはかぎりません。なかには、生前の行ないがあまり芳《かんば》しくない先祖、あるいは悪事を働き、地獄に堕ちた先祖が必ずいます。こうした先祖が苦しい霊界修行に耐えかねて地獄を抜け出し、助けを求めて子孫にすがりついてくることがあります。これがいわゆる「地獄に堕ちた先祖霊」で、私たちに大変な悪影響をもたらすのです。

この地獄に堕ちた先祖霊は、誰にでもついていると考えて間違いありません。先祖というのは何代か遡《さかのぼ》っていけば実に膨大な数にのぼります。そのなかにはよい先祖もいれば地獄に堕ちた先祖も当然のことながら存在するはずです。

ついでに申し上げれば、思い違いをしている先祖霊もいます。よく今わの際《きわ》に、

「私が死んだら霊界からお前たちをずっと守ってあげるからね」

と言って亡くなる方もいますが、これは霊界の法則に違反しています。

前述したように、現実界に善なる影響を及ぼす守護霊のような役割を命じられるためには、霊界で段階を踏んだ修行を積まなければなりません。大前提として、自分が守護する人間よりも上のレベルでなければ守護できないのは言うまでもないでしょう。ですから、

守護霊になるにはライセンスが必要なのです。

ところが、正式なライセンスを受けずに、子孫を守護しようとする霊もまた存在するのが大きな問題なのですが、こうした、いわば〝モグリの守護霊〟は祖父や祖母、あるいは亡くなって間もない父親や母親の霊である場合がほとんどです。まだ自分自身の修行ができていないのは無論のこと、過去・現在・未来を見通す能力もない。それゆえ、高い見地から導くのではなく、ひたすら肉親の情で守ろうとする。これが、モグリの守護霊に共通する特徴であると言えるでしょう。

こんな低レベルの〝守護霊〟では、〝守られる〟ほうこそいい迷惑というものです。よかれと思っていろいろ導いているつもりでも、その方向は自分勝手な解釈で的外れなことが多く、本人の幸せや自主性よりも、霊自身の願うような道に進ませようとします。その結果、かえって方向性が定まらなくなり、何かギクシャクとした運命をたどったり、分裂症気味になって体調を崩したり、ロクなことにはなりません。何しろ、無免許運転なのですから、危なっかしいことこのうえありません。

ついている霊に悪意はなく、また地獄に堕ちたわけでもないので、悪霊とまでは言いきれませんが、〝守護される〟子孫にとってはマイナスの存在でしかありません。

☆先祖霊と家代々の因縁

このように、ひと口に先祖と言っても守護霊になるほど霊格の高い先祖から地獄に堕ちている先祖まで実にさまざまなのですが、次に怨念霊について簡単に触れておきましょう。

怨念霊とは文字どおり自らの怨念を晴らすべくたたっている霊のことです。あなたに直接怨みがあるわけではなく、本当はあなたの先祖を怨んでいるのですが、その先祖はすでに死んでしまっているため、その怨みを晴らすために代わりに子孫に代々たたりつづけているのが怨念霊ということになります。考えてみれば、怨念霊は被害者で、怨まれるようなことをしたあなたの先祖が悪いと言えないこともありません。

あなたが霊格の高い先祖、すなわち守護霊・背後霊団に守られているのも家代々の因縁ならば、あなたが地獄に堕ちた先祖に頼られるのも家代々の因縁、罪を犯した先祖の代わりに怨念霊にたたられるというのも家代々の因縁というものなのです。

そんな因縁、御免こうむりたいと誰もが思うところですが、誰一人としてそこから逃れることはできません。先ほど前向きな姿勢で明るく生きていけば悪霊の影響は少ないと述べましたが、影響が少ないだけであって、先祖霊や怨念霊が離れていくわけでは決してありません（浮遊霊《ふゆうれい》や地縛霊《じばくれい》はある程度離れていく）。では、どうすればいいのでしょうか。

先祖霊に関して言えば、供養はある程度、必要です。とくに三十三回忌《かいき》までの回忌供養、お盆やお彼岸などのときの供養はきちんとしたほうがよいでしょう。ただし、供養というのはあくまで霊を慰める行為であって、地獄に堕ちた先祖霊まで救済することはできません。また、供養をやりすぎるとかえって因縁が引き出されてしまう場合があるので注意が必要です。「もっと供養してくれ。もっと供養してくれ」と、地獄からどんどん先祖霊を呼び寄せてしまうのです。そのことについては拙著『強運』や『大除霊《だいじょれい》』（いずれも、ＴＴＪ・たちばな出版刊）などでくどいぐらいに述べてきましたので、読まれていない方には一読をお勧めします。

一方怨念霊に関してはどうかと言えば、供養は一切通用しません。そこで、念力や気合で霊を祓《はら》い除く、いわゆるお祓いや除霊というものを多くの霊能者がやっていますが、これによって怨念霊が本当に離れていくのかどうか、大いに疑問です。と言うのも、こうした方法で一時的に霊が祓われたとしても、念力や気合で祓われた霊は本心から改心していませんし、納得もしていないからです。そのためしばらくするとまた戻ってきて、元の人間についてしまうのです。これでは問題の根本解決にならないのは言うまでもありません。

☆奇跡の神法「救霊《きゅうれい》」とは

怨念霊を本当の意味で〝祓う〟には、何よりもまず霊が抱いている怨念を解かなければなりません。そのためには、怨念霊がいま現在味わっている地獄の苦しみから解放し、幸せの境地に導かなければなりません。そのために神様から降ろされたのが、私が行なっている救霊という神法なのです。

救霊とは文字どおり、迷える霊を救済することです。先祖が犯した罪によってたたっている怨念霊や、地獄で苦しみ呻吟《しんぎん》している先祖霊、また、霊界の法則も知らずに迷っている不成仏《ふじょうぶつ》の霊たちに、前世の因縁因果《いんねんいんが》や神霊界の法則を説き、神仏の御力《みちから》によって、その霊たちの苦しみや痛みをことごとく癒《いや》し、迷いや葛藤をすべて解き、新たなる悟りの霊《れい》明《めい》・霊位《れいい》を与え、しかるべき霊界へと導くこと。これが救霊の真意なのです。

これまで『神界《しんかい》からの神通力《じんつうりき》』や『神霊界《しんれいかい》』、『大除霊』など、私の一連の著作のなかでもご説明してきたとおり、パワーや光エネルギー、気合で霊を追い払うような方法は何の解決にもなりません。と言っては言いすぎかもしれませんが、本質的解決にならないことは間違いありません。

霊たちに、神霊世界の秩序や人を怨みつづけることの誤りなどを教え、霊たちが心から納得し、改心し、二度と人についたりしないように導くところまでしなければ、結局はまた戻ってきて、その人についてしまうのです。そのため私は、霊の迷妄《めいもう》を晴らす力を持った神霊和歌《しんれいわか》を数十首、ときには数百首、ご神霊と一緒になって詠《うた》い聴かせることにより、憑依霊《ひょういれい》を心から改心させ、ご神霊の許しをいただき、本来いるべき霊界へと送るのです。こうすることによってはじめて、霊自身の想念が転換でき、その結果霊層《れいそう》が上昇し、素晴らしい霊界へと帰っていくことができるのです。ですから、戻ってきて再びつくというようなことは決してありません。そう断言していいでしょう。

救霊の効果はそれだけではありません。救霊を受けている本人も想念の転換ができるのです。ご神魂《しんこん》のこもった和歌、長歌を聴くことにより、霊界の法則や人生の意義を悟ると同時に、本人の御魂《みたま》を覚醒《かくせい》することができるからです。

さらにもう一つ救霊の効果を挙げるとすれば、本人ばかりでなく家族全体の運勢が向上すること。これも無視できない大きな効果と言えます。なぜそうなるのかと言えば、救霊を行なっている最中は、ご先祖の霊も大勢一緒に聴いて納得し浄化《じょうか》されるため、これら大勢の先祖霊の霊層が上昇し、前にも増して子孫への守護が強化されるようになるからです。

いずれにしても、救霊を受けると、それまで霊障《れいしょう》によって閉ざされていたプラス的な想念が自然と湧いてくるようになります。明るく前向きで、より建設的な発想が自然に湧いてくるようになるのです。そうなると守護神・守護霊がストレートに働けるようになるのは、これまで再三述べてきたとおりです。

それはちょうど、陽光を遮《さえぎ》っていた黒雲が風に吹き払われて、太陽が燦然《さんぜん》と輝くのに似ています。遮断《しゃだん》していた霊障を取り払ったのですから、いつ、どこででも、守護神・守護霊に大きく動いていただけます。そうやって多くの人が、正しい守護神・守護霊の加護を受け、天が与えたそれぞれの才能を開花させ、この世に生まれた使命をまっとうされることを願ってやみません。

現在（平成14年）では、九千九百名を超える私の直弟子が、救霊師《きゅうれいし》として神様から許可を得て、全国各地で救霊のお取り次ぎをしています。どうもわが家は因縁が深いようだと思われるようでしたら、ぜひ一度、救霊を受けられてみてはいかがでしょうか。必ずや、想像できないほど運勢が向上するに違いありません。

――救霊〈除霊〉のお問い合わせ、お申し込みは左記まで――

お問い合わせフリーダイヤル　0120（50）7837《ゴー（GO！）ナヤミナシ（悩みなし）》

ワールドメイト

・東京本部　03（3247）6781
・関西本部　0797（31）5662
・札幌　011（864）9522
・仙台　022（722）8671
・東京（新宿）　03（5321）6861
・名古屋　052（973）9078
・岐阜　058（212）3061
・大阪（心斎橋）　06（6241）8113
・大阪（森の宮）　06（6966）9818

・高松　　　　　　　　　０８７（８３１）４１３１
・福岡　　　　　　　　　０９２（４７４）０２０８

ホームページ　https://www.worldmate.or.jp/

どうしてもご都合で来られない方や、ご理解のないご家族、友人知人の救霊の場合には、その方のお写真で出来る写真救霊（その方の憑依霊を写真で見抜き、写真を使って救霊する方法――写真郵送で出来ます）もありますので、加えてお勧めいたします。

また救霊、その他の無料パンフレットをお送りしています。お気軽にお問い合わせください。

☆不動明王《ふどうみょうおう》を呼び出して守護霊軍団を三倍パワーアップする

ここでもう一つ、守護霊軍団をさらにパワーアップして悪霊たちの攻撃から守っていただく方法を紹介することにしましょう。これは、日常的にできる簡単な方法なので、積極的に活用されたらいいでしょう。

さて、たいていの悪霊は、拙著『強運』で紹介した守護霊合体パワーコールでその働きを封じ込めることができます。しかし、悪霊が軍団を組んで強いパワーで襲ってきたときは、守護霊軍団も応戦に苦しむことになります。そんなときは神霊界からの強力な助っ人が必要です。心がくじけそうになったとき、SOSでご登場願うのが不動明王《ふどうみょうおう》です。

不動明王というのは仏教を守護する神で、大日如来《だいにちにょらい》の化身と言われていますが、本当は地球の祖神《そじん》・国常立之尊《くにとこたちのみこと》の化身、これが不動明王の本当の姿です。

不動とは「悪を許さぬ不動の信念」を意味します。右手に降魔《ごうま》の剣を持ち、邪気・邪霊などを打ち祓い、気力が萎《な》えているときなどは活力を分けていただける。恐ろしい形相《ぎょうそう》をしてはいますが、心根は優しいので全幅の信頼を置くことができます。

この不動明王が登場すると守護霊合体パワーは三倍強化されますので、降魔調伏《ちょうぶく》にこれほど心強い存在はありません。では、不動明王に登場願うにはどうしたらいいのでしょうか。実はいたって簡単、次のパワーコールを口にすればいいのです。

「ノーマクサーマンダ　バーザラダンセンダ　マカロシャーダ　ソワタヤ　ウンタラ　タカンマン」

長くて覚えきれないという人には、短く言う方法もあります。

「ノーマクサマンダ　バザラダンカン」

この不動明王パワーをより確実なものにするためには、イメージイラストを描き、それを見ながらパワーコールをすることです。中央に不動の信念を表す不動明王、それを囲むように守護霊軍団の顔を描く。この場合、全体が顔の形になるようにするのがポイントです。

このパワーコールを唱える際にも大切なのは、確信することです。そもそも、不動の信念を持つ不動明王にお出ましいただくのに「効果があるかもしれない」などとあやふやな気持ちでやったのでは失礼というものでしょう。

「絶対大丈夫！　必ず不動明王が来てくださるんだ！」

と自分に言い聞かせ、確信を持って「ノーマクサマンダ　バザラダンカン」と唱えれば、不動明王が現れ、守護霊合体パワーは三倍強化されます。そして、これを心から信じることです。

あなたはどんな悪霊にも負けない強いパワーで守られています。勇気を持って強く生きていきましょう。

☆二つの因縁の持つ意味

悪霊が退散したところで、もう少し、因縁について説明しておきたいと思います。実を言えば、私たちは決して平等な条件で生まれてくるわけではないのです。それはどういうことなのか――。

人は誰でも守護霊に守られていますが、生まれつき強力な守護霊に守られている人もいれば、それなりのレベルの守護霊という人もいます。また、先祖は代々、中有霊界《ちゅうゆうれいかい》より上の霊界に行っていて、たたられることの少ない家に生まれる人もいれば、地獄に堕ちた先祖がたくさんいて、おびただしい数の怨念霊にたたられている家に生まれる人もいます。現実界レベルの話をすれば、裕福な家に生まれて一生何不自由なく暮らす人もいれば、赤貧《せきひん》洗うがごとく貧しい家に生まれ落ちる人もいます。いったいこの差は何で決まるのか。端的に言えば、一人ひとりの前世からの因縁の違いなのです。

霊的な問題を語るとき、「家代々の因縁」と「前世の因縁」の二つを避けて通ることはできません。というのも、前世の行ないによって、今世どんな環境に置かれるかが決まるからです。そして、その結果として、家代々の因縁を背負わなければなりません。つまり、各家々にそれぞれの因縁があるように、個人にもそれぞれの因縁があるわけです。前世で人に喜ばれるような善徳《ぜんとく》を積んでいれば、積善《せきぜん》の家に生まれ、前世で人を苦しめるような不善《ふぜん》をしていれば、それだけ悪因縁の深い家に生まれる。これを「相応《そうおう》の理」と言います。

繰り返しになりますが、因縁にはプラス・マイナス両方があります。ゆえに『易経《えききょう》』に曰《いわ》く、「積善の家には必ず余慶《よけい》あり、積不善《せきふぜん》の家には必ず余殃《よおう》あり」と。

プラスの因縁を徳分《とくぶん》と言います。よく「天の蔵に徳を積む」と言いますが、人に益する行為を行なうとプラスのエネルギーが蓄えられるわけです。これに対して、悪しき行ないによって蓄えられるマイナスのエネルギーは劫《ごう》と呼ばれています。

人それぞれ前世の徳分と劫を持ち、また、家代々の徳分と劫も引き受けています。これが私たちの運勢に大きく影響してくるわけです。ただし、貧しい家に生まれたからといって、必ずしも前世の徳分が少ないというわけではありません。また、徳分も多いが劫も多いという人もいます。このあたりは、神様の深い配慮あってのことであり、人智では窺《うかが》い知れない部分も少なくありません。

☆徳分の量が運を決める

ところで、徳分と劫は人生にどう影響するのでしょうか。まず、プラスの要素から考えていくと——。

徳分というのは、別の言い方をすれば天に積まれた無形の宝ということになりますが、これが、地位、富、名誉など現実的な形で現れたとき、その人は「運の強い人」「幸運な人」と評されることになります。つまり、徳が化して福となるわけです。これがうまく運ばれている状態を「運がよい」と言うのです。

世の中には、「あの人は才能はあるけれど、今ひとつパッとしない」という人がいます。

たとえば、素晴らしい演技力を持っているのになかなか役がつかない俳優、誰が聞いても文句のつけようがないほど歌がうまいのに売れない歌手、といった人がその典型と言えると思いますが、実は才能を開花させていくためには努力だけではなく、この徳分というものが必要にして不可欠な要素になるのです。そして、これを霊界から支えて、「運」という形で導いてくれているのが、ほかならぬ守護霊なのです。

したがって、徳分の蓄えが少ない人は、どんなに守護霊が必死に頑張っても、そこそこのところまでしか行くことができません。たとえば、車を走らせようにもガソリンが入っていなければ、せっかく名ドライバーの守護霊がついていても思うように車を運ぶことができないでしょう。つまり、あと一歩のところで目標に到達できないのは、文字どおり「不徳のいたすところ」なのです。

では、前世の行ないが芳しくなく、徳分が少ない人は今世、幸せになることはできないのかというと、決してそんなことはありません。いまからでもどんどんガソリンを補給する、つまり、進んで徳を積んでいけばいいのです。

逆に前世で少々徳分の蓄えがあったとしても、使ってしまえばガソリンは減っていきます。何かよいことがあって「ラッキー」と思ったら、それは一つ徳分を減らしたと考えたほうがいいかもしれません。宝くじに当たったりしたら、むしろ注意が必要でしょう。

いずれにしても、どんどん徳分は補給していかなければなりません。そうしなければ、いまはどんなに調子がよくても、ある時期からガクンと勢いが落ちてしまいます。落ちるだけならまだしも、ガソリンが尽きてしまったらまさしく運のツキとなってしまいますので、徳積みだけはくれぐれも忘れないようにしたいものです。

では、ガソリンを補給する、すなわち徳分を積むとは、具体的にはどういうことを言うのでしょうか。簡単に言えば「人に益する行ないをすること」です。この場合、他人の目に見える形で人に益することを「陽徳《ようとく》」、他人の目につかない形で益することを「陰徳《いんとく》」と言いますが、ともあれ人のためにプラスになること、人に益することを進んで行なえば、それが徳を積んだことになり、結果、運勢の好転に結びつくのです。

では、どうすることが人に益することになるのか。簡単なようですが、実は落とし穴もありますから注意が必要です。とりわけ気をつけなければならないのは、「独善《どくぜん》」「偽善《ぎぜん》」「小善《しょうぜん》」の三つです。

独善というのは言うまでもなく、自分は善意のつもりでやったことが結果的に他人の迷惑になるケースのことを言います。「小さな親切大きなお世話」という類《たぐい》で、つまりは独りよがりのことです。

二番目の偽善というのは、形ばかりで心のこもっていない善行です。自分が幸せになることばかり考えて徳を積もうとすると、ついつい形式的になります。本当に徳を積んでいくためには、その心底に真心がなければなりません。換言すれば、人に益することが自らの喜びと感じられるようになる、これが本当の徳分というものです。

三つ目の小善というのは少し難しいですが、あえて言えば、人のためによかれと思ってやった行為でも、より大きな見地からすると善とは言えない行為、ということになるでしょうか。

こう考えていくと、「人に益する行ない」とは何か、よくわからなくなってしまうかもしれませんが、あまり深刻にならず、基本的には自分なりの判断で「世のため人のため」という気持ちで、どんどん善を積んでいけばいいのです。自分のやろうとしていることは独善かもしれない。小善かもしれない。叡智も足りないかもしれない。しかし、そんなことは守護神・守護霊は全部ご存じなのですから、自分としては精一杯の誠を尽くしていくしかありません。そう思って、「世のため人のため」になると信じることを積極的に行なっていくべきです。

最もお勧めできるのは、「自分としては人のためと思ってやっているんですが、間違っていたら教えてください」と守護霊によくお祈りすることです。そうすれば必ず教えていただけます。何と言っても、あなたが進んで徳を積んでいくことを誰よりも応援しているのが守護霊だからです。

☆人徳《じんとく》・地徳《ちとく》・天徳《てんとく》

一口に徳と言いますが、実は、徳は三つに分類されます。人徳《じんとく》・地徳《ちとく》・天徳《てんとく》がその三つです。

人のために益する行為はこのうちの地徳に入ります。また、前世で積んだ善行も地徳として積み上げられています。

人徳というのは、自己を修養することで得られる霊光《れいこう》で、主に性格面に現れます。性格の性という文字を分解すると、「忄」と「生」になります。「忄」は心を表しますから、性とはすなわち「生まれながらの心」ということを意味します。一方、「格」は「いたる」

と読みます。したがって性格とは、「生まれながらの心がその後の変遷によって至ったもの」ということになります。

世の中には、性格は絶対に変わらないと思っている人がたくさんいます。しかし、そんなことはありません。己を磨くことで性格改善を図ることは決して不可能なことではないのです。そして、それが実は非常に大切な徳積みの一つであり、さらには開運の要《かなめ》になることを知っていただきたいと思います。

しかし、性格がよくて「あの人は人徳があるね」と言われる人が必ずしも成功するとはかぎりません。人徳、地徳とも十分であっても、真の開運にはまだまだ不十分なのです。では、何が足りないのかというと、三つ目の天徳がそれです。

この天の徳は、根源的な信仰心を持ち、神仏の道に生きようとしている人が授けられるものです。天の正《まさ》しき道を貫き、また、多くの人を救済してきた人に備わる、永遠に失われることのない宝物と言うことができます。

世の中で大きく活躍している人物というのは、たいていこの三つの徳を兼ね備えていま す。ビジネスで成功した経営者の多くが篤い信仰心を持っていることは、よく知られていますが、そのように、世のため人のために善行を積んで地徳を増やし、内面的な修養に努めて人徳を高めると同時に、信仰心を培って誠の祈りを捧げ、総合的に徳を積んでいくことが最も望まれるところです。つまり、人・地・天、三つの徳がそろってはじめて、完璧になるのです。もちろん、人間誰しも完璧ではありませんが、少なくとも努力の方向性はおわかりいただけたと思います。

天徳を授かるまでの信仰心を持つのは難しいと思うかもしれません。しかし、誠で祈れば誰でも、天徳の一部の神徳《しんとく》というものを授かることができます。さらに厳密に言えば、神徳も神霊の徳と霊徳に分類されます。

目標を定めて発願し、誠の心で祈りを捧げ、その実現に向けて努力をつづければ、神霊界からの援軍が大きく動き出します。その援軍こそが、守護霊、背後霊団であり、その働きが霊徳と言われるものなのです。

ところで、なぜ守護霊は、私たちを守護してくださるのでしょうか。それは無論、神様から与えられた役目ではあるのですが、実は、私たちを守護することが即、守護霊自身が徳を積むことになるからです。つまり、守護霊として活躍することで徳を積む修行をしているわけです。そして、その成果に功候《こうこう》が授かり、神霊界のランクが上がっていく。その意味で、守護霊と私たちは「持ちつ持たれつ」の関係にあるわけです。

あなたが徳を積むことで、守護霊も徳を積むことになる。だからこそ、進んで徳を積んでいこうとするときこそ、守護霊は最大限の力を発揮してくださるのです。

☆守護霊の本当の思い

守護霊に任ぜられるほどの霊は当然のことながら生前、大きな徳を積んでいます。そして死後、天国界に行き、さらに修行を積んで神様から守護霊に任命されているわけですが、それに甘んじることなく、もっと上を目指して頑張っていらっしゃいます。ひとときも休むことなく働いているのはそのためですし、疲れたからちょっと休もうとか、休暇を取って命の洗濯などということはまず考えません。

しかし、別にアクセクしているわけではなく、レベルが高くなればなるほど、むしろゆったりとしているようです。駘蕩《たいとう》としたなかにも二十四時間、常にアンテナを張り巡らして私たち人間の情報を正確にキャッチすべく努めていらっしゃる。つまり、休むことなく刻々と傾ける進歩向上の情熱が自然体となっているのが守護霊なのです。

さて、こうした守護霊は、私たちをどう見ているのでしょうか。細かく見ていけばキリ

がありませんが、総じて〝もどかしさ〟を感じている守護霊が多いようです。たいていの守護霊は、

「自分たちが肉体があってやっていたときのほうが、よほど早かったんだがなあ」

と嘆いておられるのです。

霊というのは、現実界に直接働きかけることはできません。人々を救済するにしても、直接手を貸すことができないので、「もっと、こうすればいいのに」「ああすればいいのに」と非常にもどかしく感じておられるわけです。

つまり、この三次元、現実世界に生きている私たちのほうが、はるかに徳積みのチャンスに恵まれているのです。このことはとくに覚えておいていただきたいのですが、あの世での修行よりもこの世での修行のほうが、はるかに効率がいいのです。

守護霊は守護する人間を通じてしか、現実界に働きかけることができません。ですから、守護する人間にはぜひとも徳を積んで欲しいと常に願っているのですが、守護霊としての規則があるため、相手の肉体を支配して勝手に活動することはできません。魂の教育係としては、あくまで本人の自主性を尊重したうえで、本人が魂を発動させ、自発的に動きはじめるのを待つしかないのです。肉体を持たないということが、いかにもどかしいこ

とか想像できるでしょう。だからこそ、この世に生きて活動している人間に期待をしているわけです。

☆体施《たいせ》・物施《ぶっせ》・法施《ほっせ》

前項で述べたように、手もなく足もなく口もない守護霊は、どんなに世の中をよくしたいと思っていても、私たち人間を通じてしか現実界に働きかけることはできません。そういう守護霊に少しでも恩返ししたいと思うのでしたら、進んで徳を積むこと、これしかありません。それは同時に、守護霊の力をパワーアップさせ、自分が幸せになっていくことでもあり、守護霊と私たちの目標は完全に一致しているのですから、ガッチリ手を組んで頑張っていきたいものです。

さて、徳を積むということですが、前述したように、あまり堅苦しく考える必要はありません。人の幸せになると思ったことはどんどんやっていく。どんな小さなことからでもかまいませんから、少しずつ積み重ねていくことが肝心です。考えるよりもまず行動して、間違いがあれば正していけばいいのです。

原罪という厳格なまでの罪意識を植え込むキリスト教と違って、日本の神道では間違ったら宣《の》り直し、すなわち反省をすれば許されると教えています。ですから、必要以上に深刻になることはないのです。それよりも、消極的になって徳積みのできないことを恐れるべきです。

ただ、「人に益する行ない」といっても、何をしたらいいのかわからないという人もいらっしゃると思いますので、原則を述べておきますと、「人に益する行ない」とは具体的には体施《たいせ》・物施《ぶっせ》・法施《ほっせ》の三つを言います。

体施というのは、体を使って人々に奉仕をしていくこと。たとえば、ボランティア活動に参加したり、神社の境内、駅や公園など公共の場所の掃除をしたりするのが体施です。いきなりそうした行動に出るのが難しいのでしたら、自分の家の前を掃くとき、一緒に近所のゴミも綺麗にするということから始めてもいいでしょう。とにかく、何かにつけて奉仕の精神で体を使っていけば、それが体施の徳につながるのです。

二番目の物施は、自分の物やお金を人々の幸せのために捧げること。わずかなお小遣いのなかからでも、被災地に義援金を送ったり、共同募金に協力したりすることが、この物施に相当します。その際、金額の大小はあまり問題ではありません。寺社に捧げる御布施《おふせ》や御玉串《おたまぐし》もそうですが、これは気持ちを形に現したもの。同じ一万円でも、月給百万円の人が出す一万円と、貧しい学生が一生懸命にアルバイトしてようやく稼いだ十万円のなから出す一万円とでは自ずと重みが違います。神仏に向けたその篤い心が徳分となって積まれていくわけです。

そして、三つ目の法施というのは、人の幸せにつながるような話をしていくこと。あるいは手紙に書く。メールで送る。方法はいろいろあるでしょうが、その人の幸せにつながるような内容を伝えていけばいいわけです。この本を二冊買って、一冊は友達にプレゼントするというのも法施の功徳《くどく》になります。

何が相手の幸せにつながるか。これも厳密に考え出すと難しい問題かもしれませんが、たとえば、悩んでいる友達の相談に乗ってあげるだけでも法施の徳になります。その際、力不足で、よい解決策を見つけてあげられず、「ごめんね。何の力にもなれなくて」と自分の非力を申しわけなく思ったりするかもしれません。しかし、悩みを聞いてもらったということで相手の心は以前よりもかなりスッキリしているはずです。それも立派な人に益する行為なのです。もちろん、解決のために方向を示してあげることができれば申し分ありませんが、勇気づけてあげるだけでも天から見れば立派な法施の功徳になります。

体施であれ物施であれ法施であれ、とにかく、できることから始めることです。そうすればどんどん徳が積み上げられていきます。いっぺんに大きく世の中に貢献するような徳は積めないかもしれませんが、「塵《ちり》も積もれば山となる」という格言にもあるように、小さいことからでも始めることが肝要です。

徳積みは銀行預金に似ています。銀行に預けたお金がある程度貯まると、利子が利子を生んで元本が増えてくる。つまり開運していくわけですが、そうやって増えた元本を全部自分の満足のために使うのではなく、世の中に還元していくことが徳積みのコツです。これがまた投資にもなるからです。

ともかく、最初は小さなことしかできなくても、地道に徳積みに励んでいくべきです。そうして徳分の量が増えていけば、やがては世の中に認められて、もっと大きく社会に貢献できるようになっていくはずです。

☆学問と教養の必要性

体施・物施・法施の徳を積極的に積んでいくと同時に、もう一つ心がけなければならないものがあります。それは何かと言えば、学問を身につけ、教養を深めることです。徳を積むだけでは、何となく幸せな人生で終わってしまうでしょう。やはり、自分自身を大きく成長させ、社会的にも成功するためには、学問と教養は不可欠な要素と言えます。

その道に必要な技術や知識を身につけることは当たり前のことで、ここでいう学問とはそうしたものではなく、もっと内面に向かうものです。言い換えれば、己を磨き、人徳を高めるための学問ということができますが、そうした学問を磨き、心の教養を身につけることができれば、それだけ視野も広くなり、結果的に独善、小善からわが身を守ることもできます。その意味でも、先人の遺した功績《こうせき》と叡智《えいち》を学び、たゆまず学問を積んでいく姿勢を欠かしてはなりません。

そのために読まなければならない本はたくさんありますが、まずは『古事記』『日本書紀』をはじめとする、古今東西の名著とされる古典を読まれることをぜひともお勧めいたします。慣れないうちは敷居が高く感じられるかもしれませんが、最初は現代語訳でもいいし、拾い読みでもいいですから、とにかく書物をひもとき、実際に読んで自分なりに何かを学びとり、感じとることです。そうやって古典を読むことに喜びを感じられるようになったらしめたもの。心の教養が高まりつつあると思って間違いありません。

本当の信仰心とは何か。ここでは多くを述べませんが、神様を信じて拝み、守護霊と親しむことだけが信仰ではありません。正しい信仰心を養うためには、真の学問と心の教養を深めることが不可欠であることを忘れないでいただきたいと思います。

☆徳分では劫は相殺《そうさい》されない

因縁について、これまではプラスの徳分について述べてきましたが、次にマイナスの因縁である劫について少し触れることにしましょう。

すでにお察しのとおり、劫というのはあなたの目標実現をさまたげるマイナスのエネルギーです。そして、人は誰でも前世の劫と家代々の劫を引き受けていることは、先にお話したとおりです。

ところで、劫は徳を積むことで消すことができると考えている人がいるようですが、決してそんなことはありません。劫と徳は、プラス・マイナスで相殺《そうさい》されるものではなく、いくら徳積みをしても、それで劫が消えてなくなるわけではないのです。

では劫を抹消するにはどうすればいいのか。結論から言えば苦しむほかありません。その苦しみを重い順から並べると、死の苦しみ、貧乏の苦しみ、病気の苦しみ、人間関係の苦しみ、嫌いな職業に就くことから生まれる苦しみ（女性は縁談の苦しみ）の五つに分類されます。死は本人にとっても家族にとっても最大の苦しみであり悲しみでありますが、それはとりもなおさず、最大の劫を払っていることを意味します。二番目の貧乏の苦しみと三番目の病気の苦しみは、その軽重によって順位が入れ替わることもあります。また、五番目の嫌いな職業に就くことから生まれる苦しみは、劫の払い方としてはかなりレベルの低いものです。

いずれの方法であれ、人は劫を持っているかぎり、苦しんでそれを払わなければなりません。どんなに徳が高く運のいい人でも、何かしらの苦しみを味わわなければならないのは、劫があるからにほかなりません。くどいようですが、徳分と劫は同一次元で扱える問題ではないのです。

因縁因果はこの世にいるかぎりついて回ります。それればかりではなく、前世から持ち越し、また来世に引き継いでいかなければなりません。

善因善果・悪因悪果はこの宇宙の絶対法則です。泣いても笑っても、自分で蒔いた種は自分で刈り取らなければなりません。どんなに不運であろうと不幸であろうと、それはかつて自分がつくった原因によるものなのですから、いっそのこと腹を括《くく》って覚悟を決めることです。ならば、なるべく若くて体力があるうちに少々苦しんでも、劫を刈り取ったほうがいい。「若いうちの苦労は買ってでもしろ」というのは、そういう意味でもあるのです。

「不昧因果《ふまいいんが》」という言葉があります。読み下せば「因果を味《くら》まさず」となりますが、因縁因果というのはどうあがいても変わりはしないのですから、因果は因果として納得し、それによって不幸を感じないような境地を大事にしろ、というのがこの「不昧因果」という言葉の意味するところです。このことに関しては拙著『大天運《だいてんうん》』（ＴＴＪ・たちばな出版刊）に詳しく説明していますので、ぜひご一読ください。

たしかに、どんな因果に対しても泰然自若《たいぜんじじゃく》としていられれば最高です。しかし、そうは言っても、誰にとっても苦しむのは辛いし、嫌なことに決まっています。「不昧因果」の境地に立つのは、なかなかに難しいことであるに違いありません。そこで頼りにしたいのが守護霊です。

☆楽しみながら劫を抹消する方法

ここでお断りしておきますが、守護霊もまた因果の法則のルールに則っている存在であります。したがって、どんなに祈っても、守護霊が因縁をなかったものとして劫を消し去ってくださることはありません。

守護霊は、私たちが苦しんでいるのを見ながら、
「どうやってそれを乗り越えていくのだろうか」
とハラハラしながら見守っているのです。

必死で祈ればギリギリのところで手を差し伸べてはくださいますが、それまでは、葛藤《かっとう》し、苦悶《くもん》しながら自分で乗り越える努力を続けていかなくてはなりません。ここは守護霊としても苦しいところであるに違いありません。

しかし、考え方の工夫次第で「苦」を「楽」に変えていくことはできるはずです。たと

えば貧乏の苦しみというのは、先にも述べたように、死の次に深い悪因縁ではありますが、たとえお金がなくても、気持ちの持ち方次第で明るく生きていくことは十分、可能です。たとえば、「もっと貧乏な人もいるのだから自分は恵まれているほうだ」と考えてもいいですし、あるいは節約を生き甲斐のようにして、そこに楽しみを見出すという方法もあるでしょう。

また、交通事故など不慮の事故に見舞われたら、入院を機会に小説でも書いて懸賞に応募するというのも一つの手です。嫌な人間と巡り合わせたら、心の修養だと思ってその人と仲良くすることを考えたり、とにかく客観的に見て不運な状況にあっても、プラス思考で乗り越えていくことはできるものです。こうした明るい想念をつくると、守護霊も動きやすくなるのはこれまで述べてきたとおりです。

さらに守護霊にとって手を貸しやすいのは、劫の抹消を徳積みと同時にやっていく方法です。どういうことかというと、世のため人のために善行を積んでいくために進んで苦労を買って出るのです。たとえば、病弱で体を動かすのが最も辛く苦手な人がボランティアで汗を流す、というのがこれに相当します。あるいは、世の中に役立つ資格を取得するために、本来は遊び好きな人間が遊ぶ時間を削って、大嫌いな勉強に充《あ》てる、というのも同じことです。

このように、苦しみながら徳を積んでいくというのが最も手っとり早い劫の払い方であり、守護霊の応援を受けやすい方法なのです。いや、苦しみながら徳を積んでいくというのは誤りです。苦しみながらも徳を積めるというのは本来、喜びのはずですから、楽しみながら劫を抹消していくと言い換えるべきでしょう。

☆指導霊と合体して司導霊《しどうれい》となる

劫を刈り取り、徳を積んでいく。実はこれが私たちに与えられた修行のテーマなのです。つまりは人生の本義なのです。これに関して、仏教では因縁の解消という考え方をしますが、神道では「御魂磨き」と言います。そして、魂の教育係である守護霊の本当の役目とは、この御魂磨きがスムーズに進んでいくように手助けすることなのです。

私たちは皆、因縁のレールの上に乗っています。この絶対的な天地の法則のレール上をいかに走るか。その走り方に応じて守護霊は手助けしてくださるわけです。もちろん、どんな走り方をするかはあなたの自由意志にゆだねられていますが、たとえどんな状態に陥ったとしても、守護霊があなたを見放すようなことは決してありません。信頼していた取引先に裏切られるようなことはあっても、あるいはまた銀行から見放されることはあっても、守護霊は最後まであなたの味方なのです。

守護霊は高い霊界にいる存在ですから、過去も未来も見通せます。どうすれば成功するかもわかっています。しかし、それが私利私欲のために望むものだったら、大きくお働きにはなりません。なぜなら、本来の修行のテーマからズレてしまうからです。

したがって、守護霊の力を最大限に引き出すには、自分の望む成功へのプロセスを御魂磨きと重ねて考えることがポイントになります。すなわち、世の中に大きく貢献するという高い志を持ち、進んで徳を積み、ひるまず劫を抹消しながら目標に向かって進んでいくんだという志。これを忘れてはなりません。そうすれば、守護霊はどんどん先に立って道を指し示してくださるでしょう。指導霊となってあなたを幸せへと導いてくれるのです。その導きがあれば、道半ばでどんな試練があろうとも、必ず乗り越えることができます。それが劫を抹消することであり、同時にその経験が人生の糧にもなっていくのです。

この世での成功は一過性のものであり、決して最終目標ではありません。生まれ変わり死に変わりを繰り返している私たちの魂にとって、そのすべての行程が御魂磨きの旅なのです。この世も修行の場。あの世も修行の場。守護霊となって子孫を見守り、その人生を大きく拓いていくためにバックアップするのも、守護霊自身に与えられた御魂磨きの修行のテーマなのです。

私たちはたまたまいま、現実界に生き、この世の修行に励んでいます。しかし、いつかは霊界に行って別の形の修行を積むことになります。あるいは、子孫について守護する役目に任じられることがあるかもしれません。そのときになれば、守護霊の気持ちもわかるかもしれません。

いずれにしろ、あなたも守護霊も同じ目的で修行を続ける同志なのです。そして、神様の深い配慮の縁《えにし》によって、いままさに一つの人生をともに築き上げるという大テーマに取り組んでいるパートナーなのです。そう考えると、あなたと守護霊にどれほどの違いがあるのでしょうか。

あなたの人生は自分一人だけのものではない。あなたと守護霊が完全に目的を一致させて進んでいけば、恐れるものは何もありません。自力と他力がガッチリと組んで、互いの力を完全に合わせることができれば、そのパワーは何十倍にもなります。自力の中に他力があり、他力の中に自力が発揮されるわけです。

この状態を霊的に見れば、あなたと指導霊が一体化しています。完全に一体化して、どっちが自分でどっちが指導霊かわからなくなったような状態。これを司導霊といいます。そうなると、守護霊の持つすべての才能、教養、思考、技術が完全にあなたの一部となり、逆に、あなた自身が守護霊の一部となります。かくして、素晴らしいオーラを発し、スーパースターのような人間への一歩が印されるのです。

実は、これが神人合一の基礎段階と言えるもの。このレベルに達したら、守護霊免許皆伝ということができます。

第六章

背後霊　特別編

守護霊画

☆守護霊を描写するには

私は過去、数知れない人たちの守護霊を鑑定してきました。守護霊鑑定をするときは守護霊画も描写することにしていますので、いまからその守護霊画を何点か紹介することにしましょう。

もちろん守護霊の名前がわからなくてもその存在を認識して、気持ちを誠にして向かえば必ずや守護霊は応えてくださるものですが、名前とお顔がわかれば、それに越したことはありません。

拙著『神界からの神通力』や『大天運』（ともに、ＴＴＪ・たちばな出版刊）でも書いたとおり、私は神気《しんき》、霊気《れいき》までも厳密に映し出す守護霊描写を行なっています。

その方法を簡単にご説明すると、それは、霊感を持った昔の仏師や絵師が、ご本尊を描き出したのに似ています。

俗に、「観世音菩薩《かんぜおんぼさつ》作、観世音菩薩像」というのがあります。

「観世音菩薩が自ら仏像を作るのか」

といぶかしく思うかもしれませんが、もちろん、仏像を彫るのは仏師です。ところが、

その仏師は謙虚であって、

「自分が彫るのではない。彫らせていただくのだ」

という気持ちでノミを取る。すると、観世音菩薩ご自身が仏師の手を通して、かの神々《こうごう》しいお姿を徐々に現されるのです。ゆえに、そのようにして出来上がった観世音菩薩像は、仏師が自分で作ったとは言えないので、謙虚に「観世音菩薩作、観世音菩薩像」と表記するわけです。私の守護霊描写はこれとまったく同じであると思っていただいて結構です。

守護霊描写を行なうときは、八〇%を自然無意識のトランス状態とし、二〇%の顕在意識を残して、法を理と文面と自己の霊感によって完全なる審神をしてから、一つひとつを完成させていくのです。

守護霊 一経《いっけい》

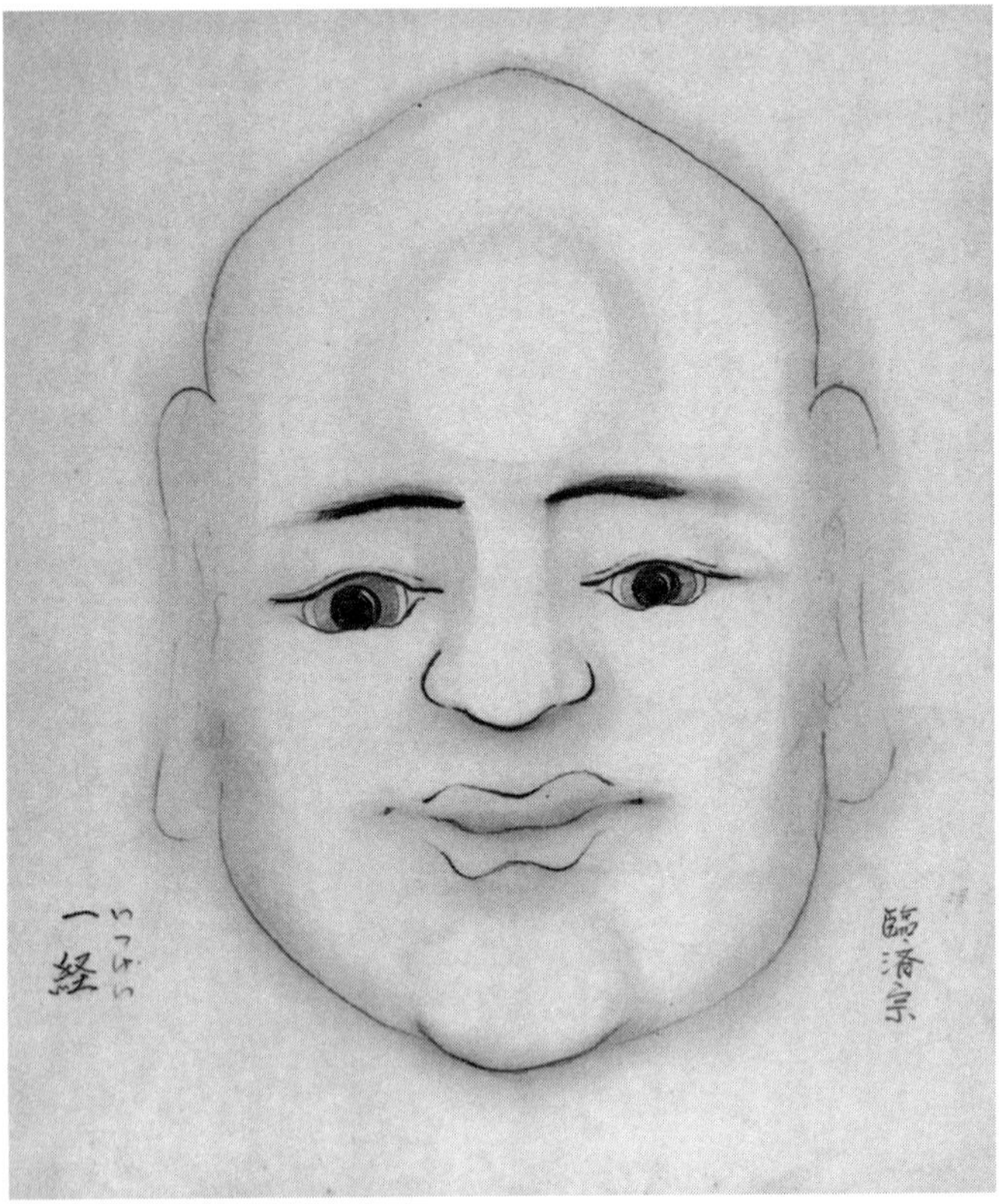

武藤氏所蔵

守護霊　北極神使ベルドリン

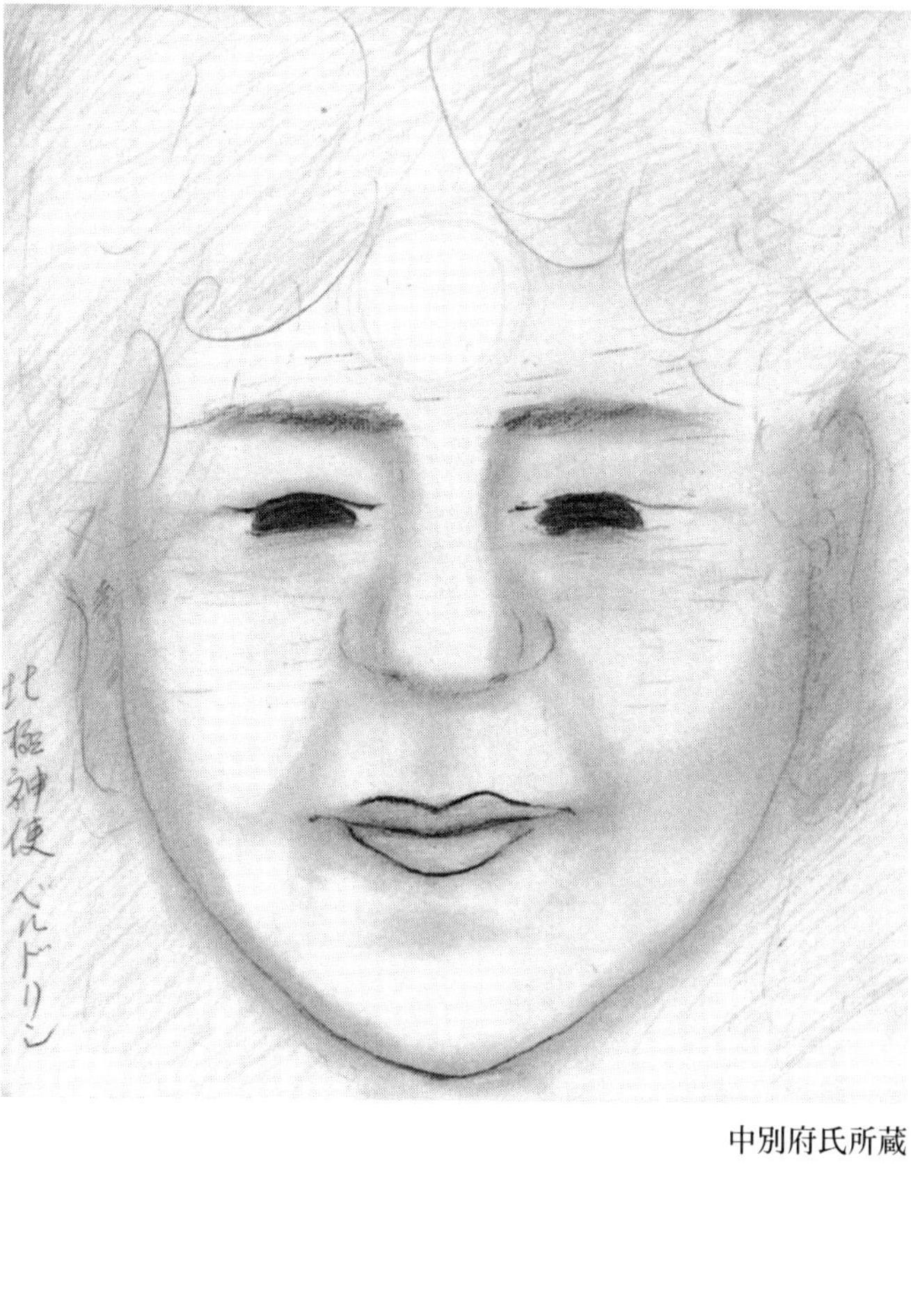

中別府氏所蔵

守護霊　天台僧大僧正　天空坊

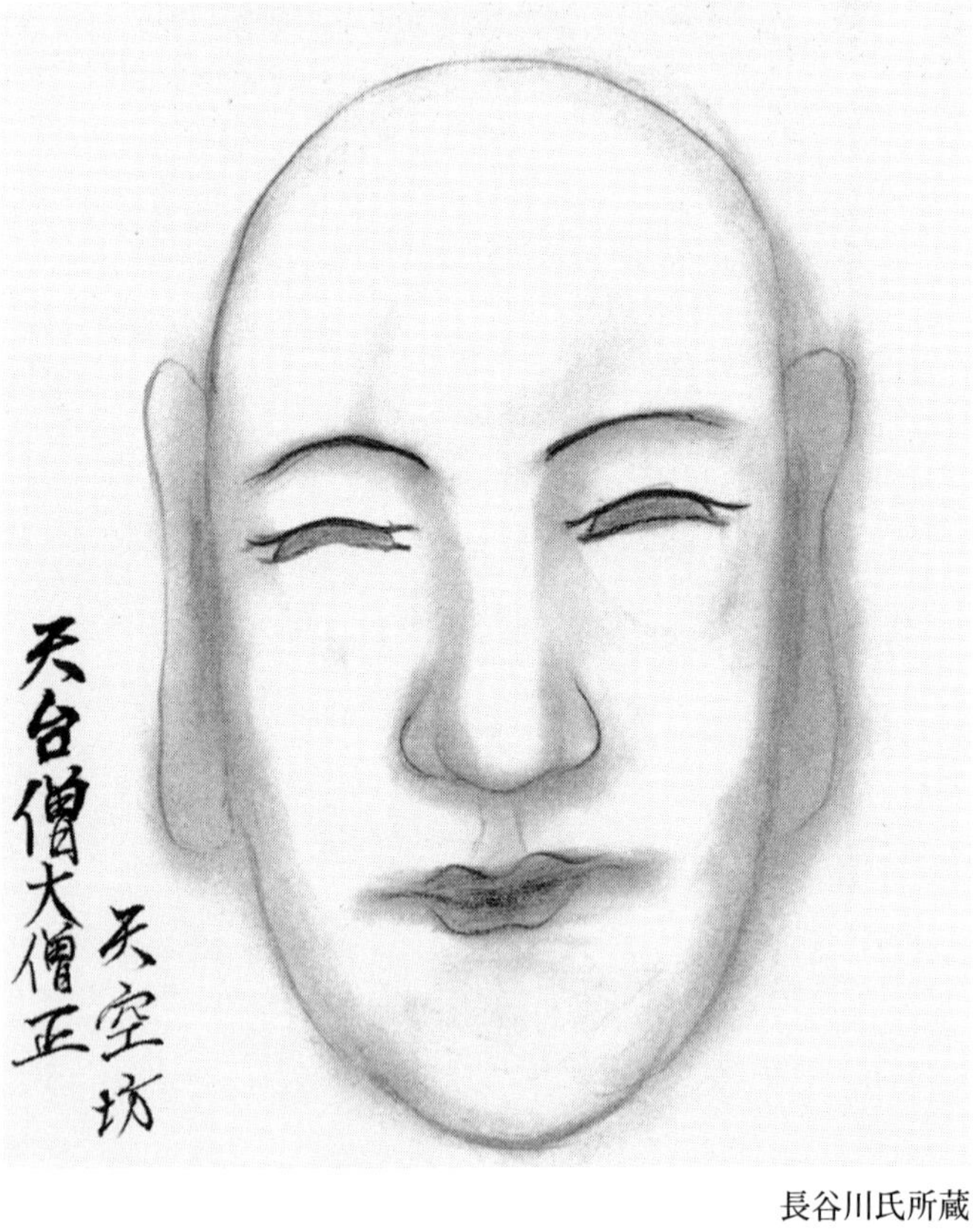

長谷川氏所蔵

守護霊　飯星仁左衛門

青木氏所蔵

守護霊　龍頭観音

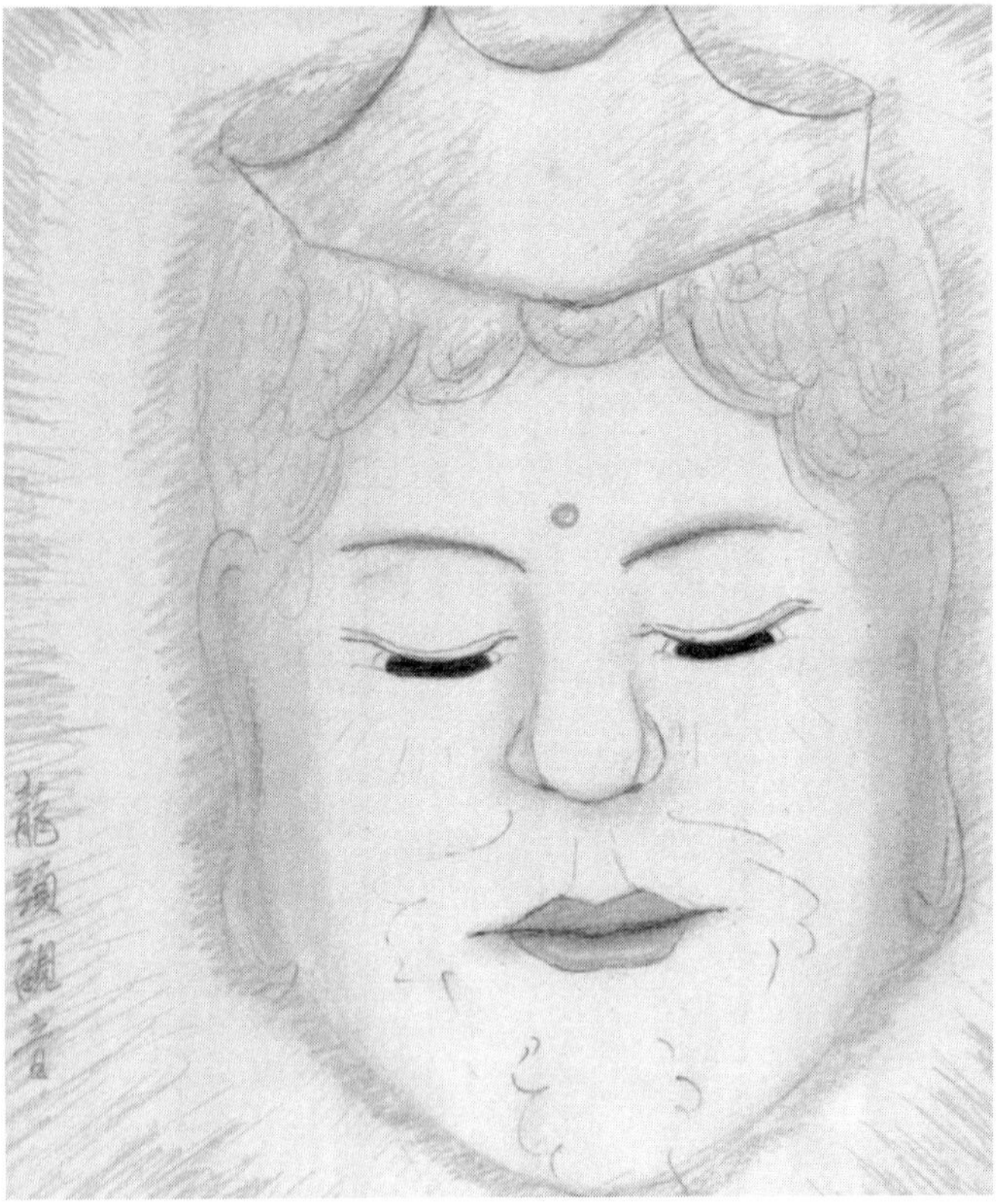

近藤氏所蔵

守護霊　養老仙人

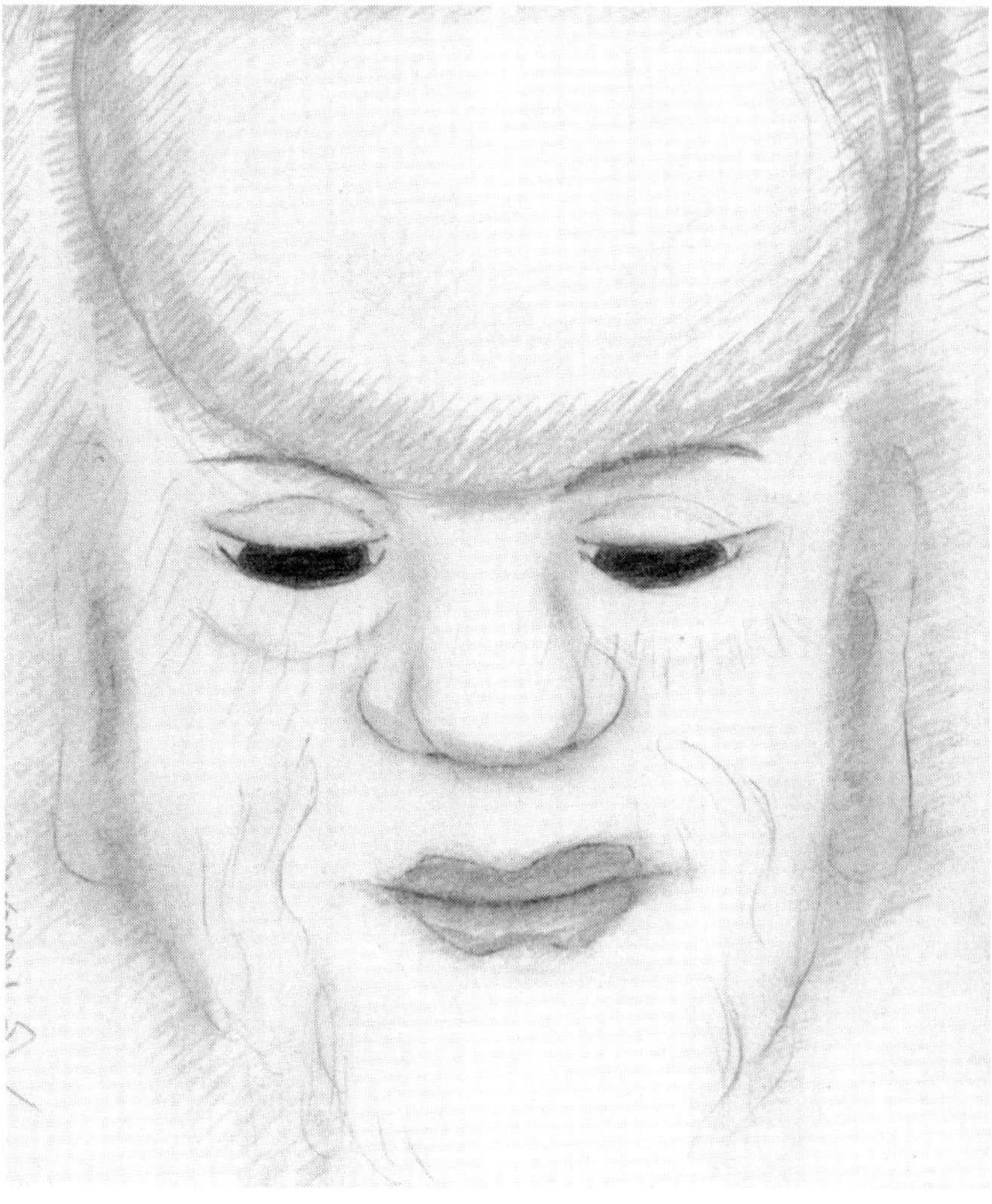

浜田氏所蔵

守護霊　大峯修験　明満《あきみつ》

藤川氏所蔵

守護霊　天台僧 萬育

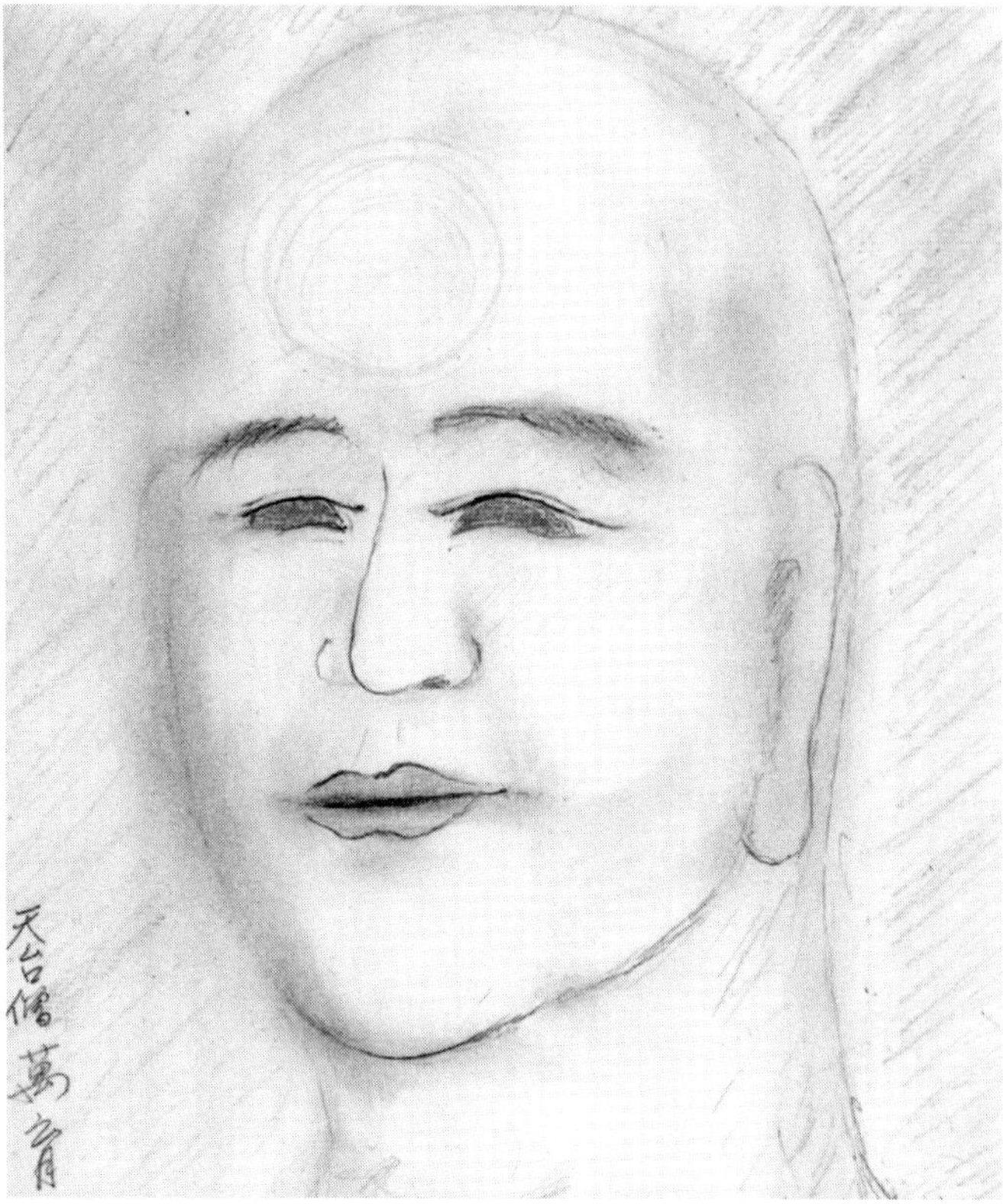

早坂氏所蔵

守護霊　律宗僧 白太仕

梅澤氏所蔵

守護霊　市田孫兵衛

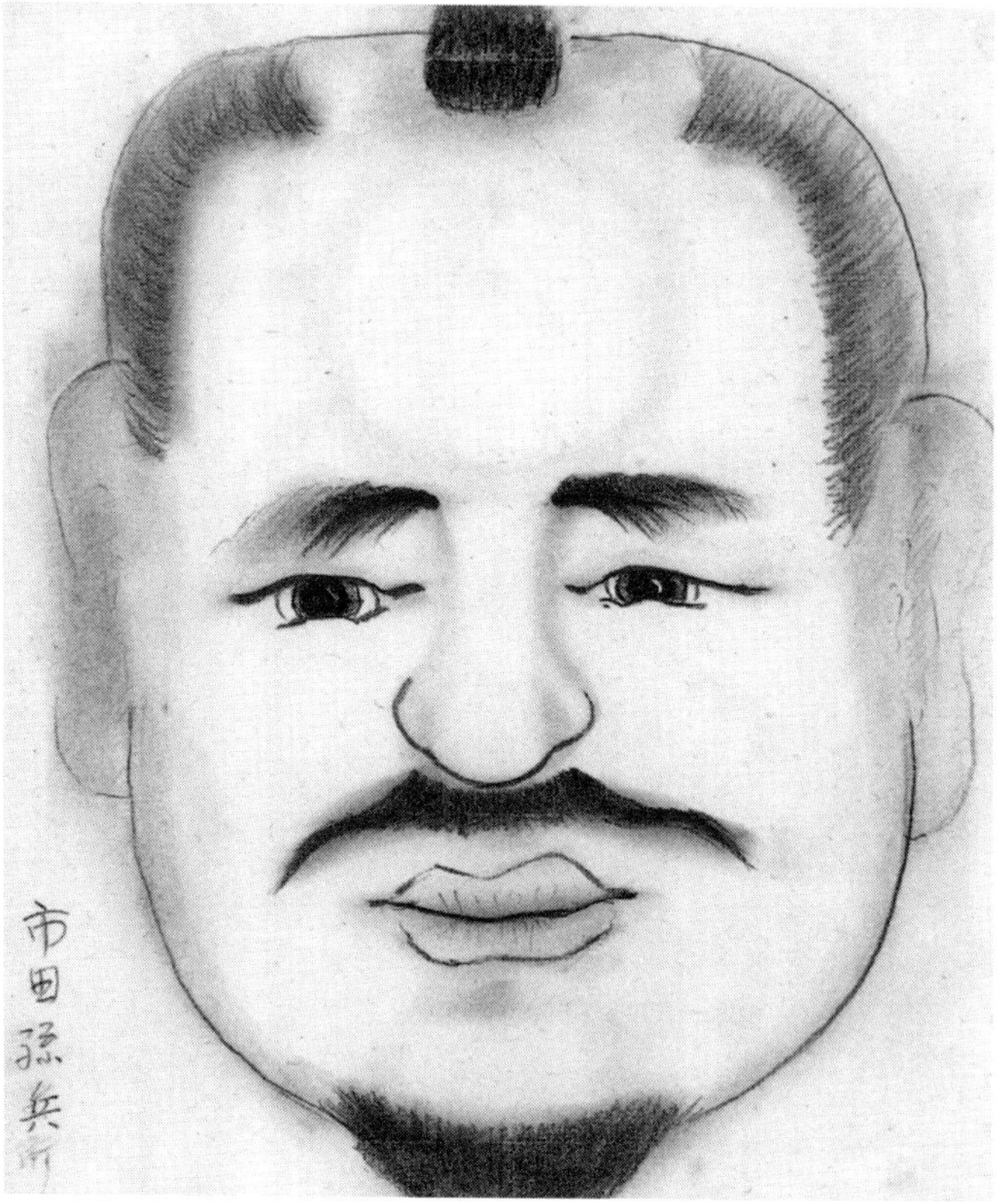

星野氏所蔵

守護霊　仁　恵

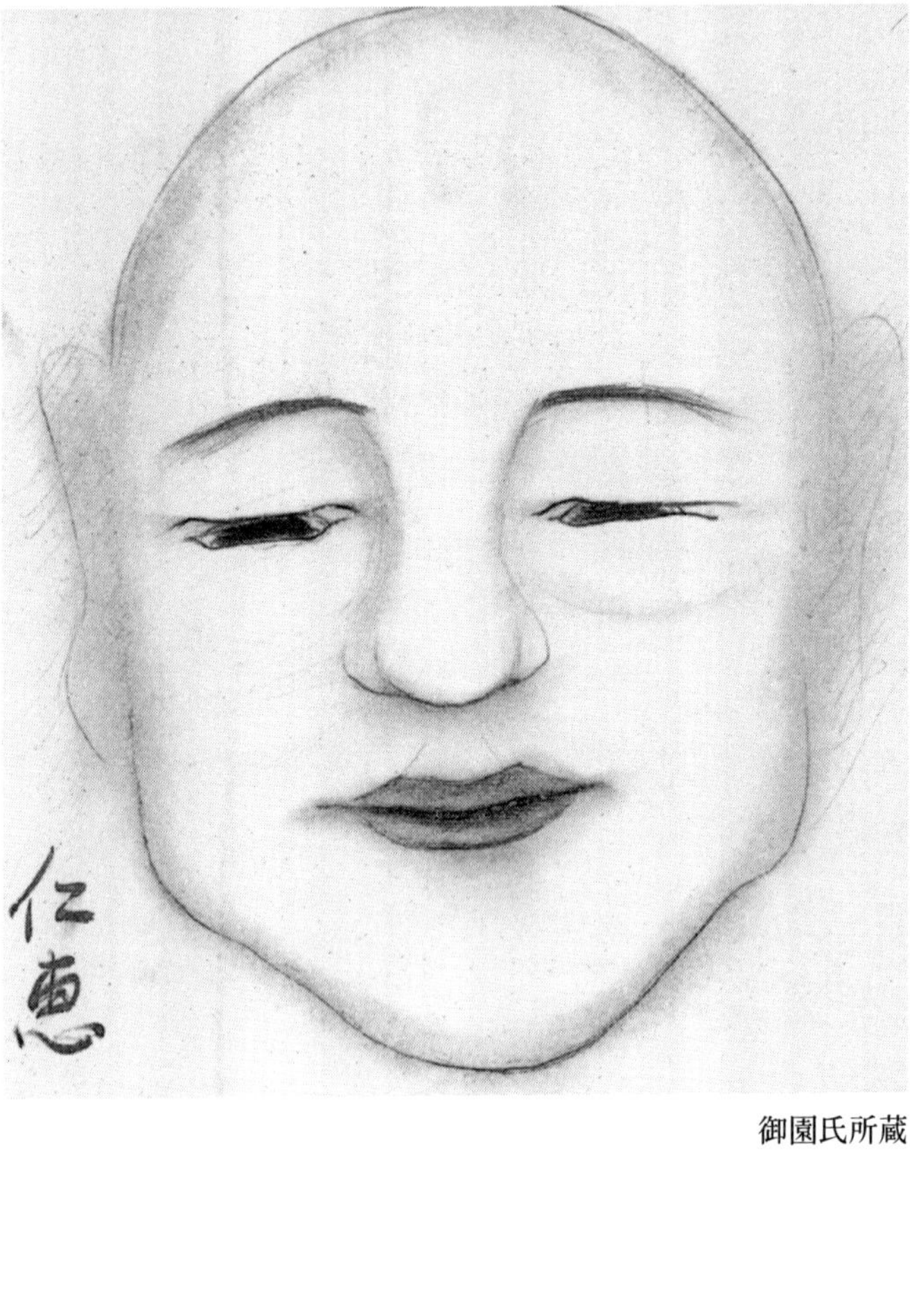

御園氏所蔵

守護霊　リシャール

福本氏所蔵

守護霊　月姫尊

竹中氏所蔵

守護霊　流動普賢仏

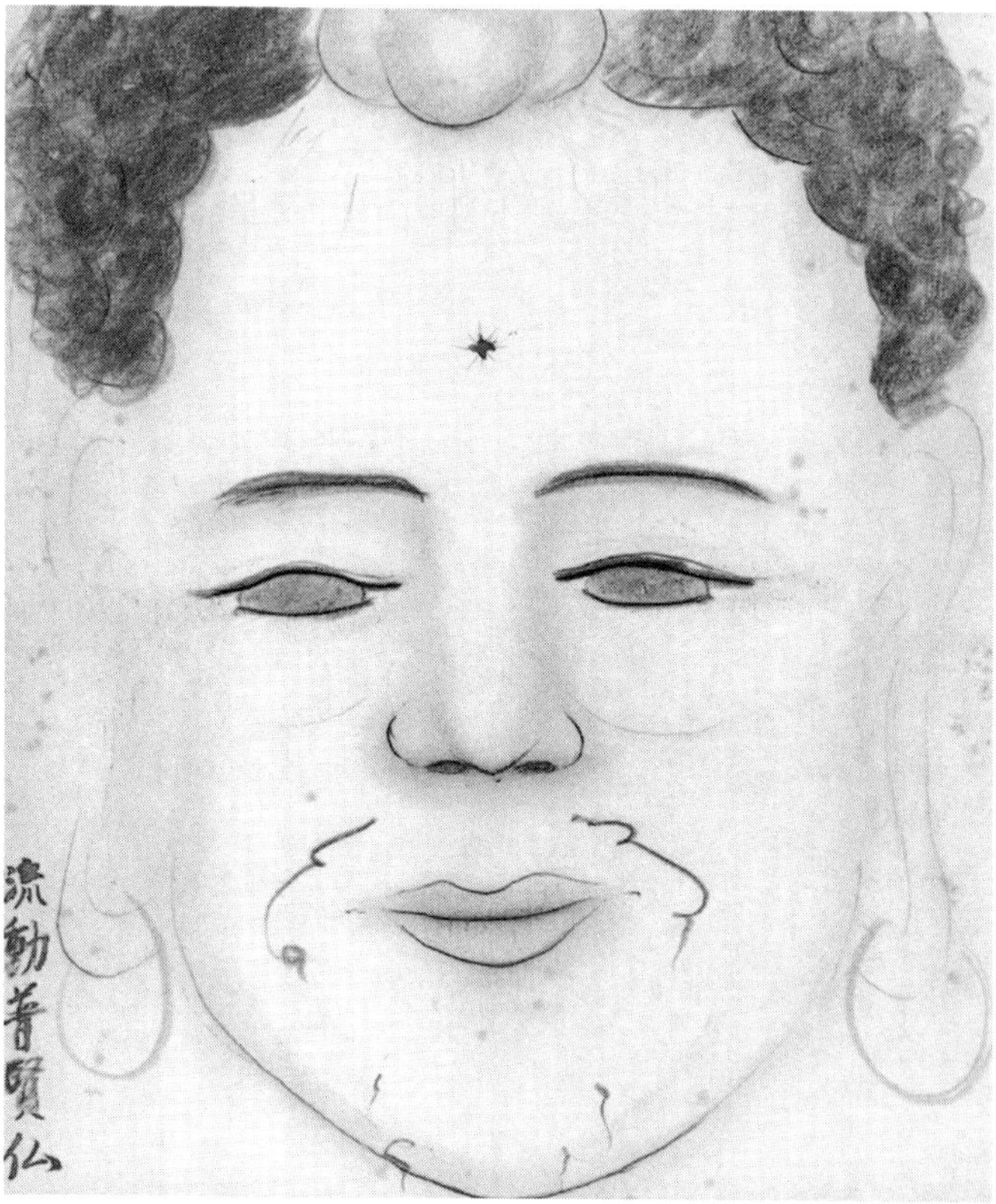

河村氏所蔵

守護霊　月天使ブラバーサ

馬場氏所蔵

深見東州氏の活動についてのお問い合わせは、下記までお願いいたします。
また、無料パンフレット（郵送料も無料）が請求できます。ご利用ください。

お問い合わせ　フリーダイヤル
0120-507-837

◎ワールドメイト

東京本部	TEL 03-3247-6781
関西本部	TEL 0797-31-5662
札幌	TEL 011-864-9522
仙台	TEL 022-722-8671
東京（新宿）	TEL 03-5321-6861
名古屋	TEL 052-973-9078
岐阜	TEL 058-212-3061
大阪（心斎橋）	TEL 06-6241-8113
大阪（森の宮）	TEL 06-6966-9818
高松	TEL 087-831-4131
福岡	TEL 092-474-0208

◎ホームページ
https://www.worldmate.or.jp

深見東州
(ふかみ とうしゅう)
プロフィール

本名、半田晴久。別名 戸渡阿見《ととあみ》。1951年に、甲子園球場近くで生まれる。㈱菱法律・経済・政治研究所所長。宗教法人ワールドメイト責任役員代表。

著作は、191万部を突破した『強運』をはじめ、ビジネス書や画集、文芸書やネアカ・スピリチュアル本を含め、320冊を越える。CDは112本、DVDは45本、書画は3546点。テレビやラジオの、コメンテーターとしても知られる。

その他、スポーツ、芸術、福祉、宗教、文芸、経営、教育、サミット開催など、活動は多岐にわたる。それで、「現代のルネッサンスマン」と呼ばれる。しかし、これらの活動目的は、「人々を幸せにし、より良くし、社会をより良くする」ことである。それ以外になく、それを死ぬまで続けるだけである。

海外では、「相撲以外は何でもできる日本人」と、紹介される事がある。しかし、本人は「明るく、楽しく、面白い日本人」でいいと思っている。

(2023年9月現在)

新装版背《はい》後《ご》霊《れい》入《にゅう》門《もん》

令和２年８月21日　初版第１刷発行
令和６年３月31日　　　第３刷発行

著　者　深見東州
発行者　杉田百帆
発行所　株式会社　TTJ・たちばな出版
〒167-0053　東京都杉並区西荻南2-20-9　たちばな出版ビル
TEL　03（5941）2341（代）　FAX　03（5941）2348
ホームページ　https://www.tachibana-inc.co.jp/

印刷・製本　萩原印刷株式会社

ISBN978-4-8133-2661-8

●29万部突破。守護霊を味方にすれば、爆発的に運がひらける！

大創運

深見東州

神霊界の法則を知れば、あなたも自分で運を創ることができる。ビジネス、健康、受験、豊かな生活など項目別テクニックで幸せをつかもう。

●46万部突破。瞬間に開運できる！　運勢が変わる！

大除霊

深見東州

まったく新しい運命強化法！マイナス霊をとりはらえば、あしたからラッキーの連続！

●61万部突破。あなたを強運にする！　良縁を呼び込む！

恋の守護霊

深見東州

恋愛運、結婚運、家庭運が、爆発的に開ける！「恋したい人」に贈る一冊。

●46万部突破。史上最強の運命術

絶対運

深見東州

他力と自力をどう融合させるか、究極の強運を獲得する方法を詳しく説いた、運命術の最高峰！

●46万部突破。必ず願いがかなう神社参りの極意

神社で奇跡の開運

深見東州

あらゆる願いごとは、この神社でかなう！　神だのみの秘伝満載！　神社和歌、開運守護絵馬付き。

●スーパー開運シリーズ　新装版

運命とは、変えられるものです！

深見東州

運命の本質とメカニズムを明らかにし、ゆきづまっているあなたを急速な開運に導く！